기독교문서선교회(Christian Literature Center: 약칭 CLC)는 1941년 영국 콜체스터에서 켄 아담스에 의해 시작되었으며 국제 본부는 미국 필라델피아에 있습니다. 국제 CLC는 59개 나라에서 180개의 본부를 두고, 약 650여 명의 선교사들이 이동도서차량 40대를 이용하여 문서 보급에 힘쓰고 있으며 이메일 주문을 통해 130여 국으로 책을 공급하고 있습니다. 한국 CLC는 청교도적 복음주의 신학과 신앙서적을 출판하는 문서선교기관으로서, 한 영혼이라도 구원되길 소망하면서 주님이 오시는 그날까지 최선을 다할 것입니다.

추천사

전재영 박사
로잔대학교 신학·종교학과 연구교수

　세계의 종말에 관해 기록한 성경의 본문들만큼 수없이 재해석되고 또한 오해 되어온 텍스트는 드물다. 원시 기독교의 시대로부터 현재에 이르기까지 각 세기의 말엽이나 주요한 세계사적 사건들이 발생하던 시기에는 어김없이 다양한 "종말론적" 해석이 제기되었다. 셀 수 없이 많은 "적그리스도"들과 "짐승"들이 등장했다 사라졌으며, 인류는 매 수십년 마다 종말의 고비를 넘는다. 신약성경을 기록했던 기자들 중 상당수는 그들의 생전에 종말이 올 것으로 믿었지만, 계속해서 좌절되는 임박한 종말에 대한 기대는 소위 "종말론적 일상"의 교훈으로 변형되었다. 결국, 기독교 신앙은 언제 닥칠지 모르는 세계의 종말을 그 핵심적 요소로 내포한 믿음의 체계가 되었다.
　이것은 창조로부터 종말로 이어지는 직선적 역사관을 내포하고 있는 유대-기독교적 사고에서는 어찌 보면 당연한 것이다. 갠지스강이나 황하를 중심으로 한 종교 문명이나 고대 그리스의 신비 종교들 그리고 가나안이나 이집트의 종교에 이르기까지 고대의 종교들은 대체로 어떤 순환적 역사관을 발전시키거나 이를 그 관념적 배경으로 삼았다. 끊임없이 순환하는 해와 달, 별자리 그리고 사계절은 고대 인류의 정신에 영원히 순환하며 지속되는 세계라는 관념을 불어넣었는지 모른다. 인간은 죽어도 환생하고, 신들도 죽고 부활한다. 이렇게 세계는 영속한다는 것이 보편적 관념이었다.

따라서 유대-기독교와 넓게는 이슬람에 이르기까지, 구약성경을 모태로 하는 "종말"의 관념은 세계 종교사에서 독특한 위치를 차지한다. 물론 다른 여러 고대 종교들의 영향 하에서 이같은 관념이 발전했다 하더라도, 이는 세계와 자연에 대한 놀라운 통찰이 아닐 수 없다. 늘 순환하는 것처럼 보이는 천체들도 사실은 탄생하고 소멸하며, 이 점에서는 우리가 살고 있는 이 땅도 예외가 아니라는 사실이 현대에 이르러서야 밝혀졌다는 것을 생각하면 말이다.

그러나 이렇게 훌륭한 근본적 통찰이 후대의 해석과 적용의 정확성까지 담보하지는 않는다. 그동안 종말론에 대한 셀 수 없이 많은 해석이 제기되었고 그 중에는 제법 진지한 논의들도 있었지만 적중한 것은 지금까지 단 한 번도 없었으니 말이다.

그렇다면 이제 종말론적 성경 본문을 특정한 시대 상황에 비추어 해석하는 시도를 잠시 접어두고 질문의 방향을 한번 바꾸어 보는 것은 어떨까?

이 성경의 본문들이 어떤 과정을 거쳐 형성되어 왔으며, 각각의 발전 단계에서는 어떤 의미를 가지고 있었는지 말이다.

이를 통해서 우리는 종말론에 대한 새로운 통찰력을 얻을 수 있지 않을까?

다비드 아미도비치의 책 『끝나지 않는 세계의 종말』은 정확히 이러한 질문에 답하고 있다. 그는 로잔대학교에서 함께 일하는 나의 절친한 동료이자 고대 유대 문헌 연구에 있어 상당한 성과를 내고 있는 학자다. 특히 사해 사본 분야에서는 유럽을 넘어 세계적인 주목을 받고 있다. 그가 세밀하게 풀어내는 종말론적 모티프들의 유래와 역사는 여러 분야의 가장 앞선 학문적 성과를 바탕으로 하고 있다. 성경 본문에 대한 역사적이고 학문적인 지식들은 사려 깊은 독자들로 하여금 분별력을 키울 수 있게 해 줄 것이고 신앙의 깊이 또한 더해 줄 것이다.

이 책을 통해 많은 사람이 그러한 유익을 누리길 바란다. 번역된 초고를 한 문장씩 원문과 비교하며 감수했지만 여전히 미진한 부분이 있을 것이다. 독자 여러분의 넓은 이해를 구한다.

박 조나단 목사
영암교회 담임

세계의 종말에 대한 궁금증은 누구나 갖고 있다. 또한, 어느 때 올지 모를 종말의 두려움을 느끼고 산다. 우리는 세계 각처에서 다가올 종말의 표징에 대해 듣는다.

그래서 오래전부터 많은 사람이 종말에 대한 고고학적인 단서들을 찾아다닌다. 그리고 나름대로 해답을 찾는다. 또한, 그들은 성경에서 이미 예언하고 있는 여러 구절을 보며 종말의 때와 징조들을 해석한다. 저자는 우리가 느끼는 종말에 대한 미지의 두려움을 자세히 설명한다.

저자는 이 책에서 현재의 시간은 "환난"(détresse)의 시간으로 규정하며, 참고 견뎌야 하는 때임을 강조한다. 종말에 대해 여러 점성술과 성경, 외경의 해석에 대해 논리적인 접근 방법으로 종말의 모습을 그려낸다.

특별히, 고대(Antiquité)를 다루는 역사가로서 저자는 종말이 21세기 현대 사회에서 단순한 공포를 조장하는 수단이 아닌 실질적으로 사람들을 고통 가운데 죽게 하는 현상으로 우리의 삶을 깨우치려는 신호탄으로 해석하고 있다.

저자는 아포칼립스(묵시)에 대한 분명한 의미를 독자들에게 제시하며 고대인들이 느꼈던 종말에 대한 긴장감을 현대인들에게도 동일하게 가져야 함을 강조한다. 또한, 독자 스스로 생각을 통해 현재 세계와 다가올 세계에 관한 자신의 관점을 구성하도록 요구하고 있다. 이 책은 종말을 분명히 재고하는 데 깊은 감동을 준다.

끝나지 않는 세계의 종말

L'interminable fin du monde
Written by David Hamidović
Translated by Seonghoon Park

David Hamidović, *L'interminable fin du monde*
© 2014, Éditions du Cerf
24, rue des Tanneries, 75013 Paris, France
All rights reserved

Translated and printed by permission of Éditions du Cerf.
Korean Edition Copyright © 2020 by Christian Literature Center, Seoul, Korea.

끝나지 않는 세계의 종말

2020년 9월 30일 초판 발행

| 지 은 이 | 다비드 아미도비치 |
| 옮 긴 이 | 박성훈 |

편 집	박민구
디 자 인	박나라, 김현진
펴 낸 곳	(사)기독교문서선교회
등 록	제16-25호(1980.1.18.)
주 소	서울특별시 서초구 방배로 68
전 화	02-586-8761~3(본사) 031-942-8761(영업부)
팩 스	02-523-0131(본사) 031-942-8763(영업부)
이 메 일	clckor@gmail.com
홈페이지	www.clcbook.com
송금계좌	기업은행 073-000308-04-020 (사)기독교문서선교회

ISBN 978-89-341-2127-5(93230)

이 도서의 국립중앙도서관 출판예정도서목록(CIP)은 서지정보유통지원시스템 홈페이지 (http://seoji.nl.go.kr)와 국가자료종합목록 구축시스템(http://kolis-net.nl.go.kr)에서 이용하실 수 있습니다. (CIP제어번호 : CIP2020022949)

이 한국어판 저작권은 Éditions du Cerf와(과) 독점 계약한 (사)기독교문서선교회가 소유합니다. 신저작권법에 의하여 한국 내에서 보호를 받는 저작물이므로 무단 전재와 무단 복제를 금합니다.

끝나지 않는 세계의 종말

다비드 아미도비치 지음
박성훈 옮김

CLC

목차

추천사   1
   전 재 영 박사 | 로잔대학교 신학·종교학과 연구교수
   박 조나단 목사 | 영암교회 담임

한국어판 서문   10

서론   14

제1장
   아포칼립스, 신적인 계시로부터 세계의 종말에 이르기까지   32

제2장
   하나님 알기: 예언의 연장과 완성   76

제3장
하나님 알기: 전통적 지혜의 연장과 이에 대한 의문　　　112

제4장
종말의 때에 있을 인간의 심판과 희망　　　134

제5장
하나님의 권능에 대한 찬양, 위기에 대한 해독제　　　161

제6장
논의 과정의 결산　　　186

추가적인 책 목록　　　200
용어사전　　　201

한국어판 서문

다비드 아미도비치 박사
스위스 로잔대학교 종교과학신학 교수

"끝나지 않는 세계의 종말"은 고대로부터 오늘날 이르기까지 거의 모든 문명권에서 발견되는 세계의 종말에 대한 끈질긴 기다림에 대한 모순어법적 표현이다. 최근 어떤 이들은 소위 "멸망학자"(collapsologues)라 불리우며, "멸망학"(collapsologie)이라는 과학의 한 분야를 만들어 내기도 한다. 그들의 작업은 자신들이 곧 다가올 것으로 예상하는 세계의 종말에 대한 신호들과 시나리오를 연구하는 것이다.

이들은 인류학자 장 샤멜(Jean Chamel)의 논문 *Faire le deuil d'un monde qui meurt. Quand la collapsologie rencontre l'écospiritualité*, Terrain 71 (2019) 68-85로부터 따온 표현을 따라 종말론적 생태학이라는 분야를 발전시킨다. 그들은 또한 현재의 세계가 붕괴되고 있다는 주장을 펼치기 위해 기후적 응급 상황(urgence climatique)이라는 협약체를 출범시킨다. 그들 중 다수는 지구 온난화가 생물학적 다양성을 헤친다고 확신하는 생태학자들의 그룹에 속해 있다.

이들은 지구의 파괴를 피하기 위한 근본적인 정치·경제적 변화를 촉구하고 있다. 이들은 멸망학을 단순한 멸망론(collapsosophie)과 구분하는데, 이는 지구적 변화의 대처하는 방식에 따른 구분이다.

이러한 학제간 연구에 수많은 과학적 비판이 따르는 가운데서도, 이 분야는—옥스퍼드대학교와 캠브리지대학교에 이 주제를 연구하는 연구 기관이 설립될 정도로—코로나19의 대유행 속에서도 큰 반향을 얻고 있다. 실제로 그들은 2000년대에 들어와 유행하고 있는 코로나19(SARS-CoV, MERS-Cov, SARS-CoV-2)의 원인을 기후 변화의 영향에서 찾고 있다. 이러한 세계 보건의 위기와 함께, 세계의 종말에 대한 예측은 큰 반향을 얻고 있다.

미디어에서 보여주는 이미지들, 즉 환자로 넘치는 병원들이나 기본 식료품을 배급받기 위해 늘어선 긴 모습같은 영상들은 붕괴라는 관념을 뒷받침하고 있다.

이 팬데믹은 각각의 사람들이 심지어 격리 중에도 대혼란이라는 것에 대해 생각해 볼 수 있게 한다. 예를 들어, 끊임없이 죽어 나가는 사람들, 죽음에 바이러스 앞에 무력한 과학, 병원 시스템의 포화, 취약 계층에 대한 보호의 부재, 국제 정치의 무력함, 자유 경제 체제의 붕괴, 멈출 수 없는 실업의 증가, 물리적 근접성과 접촉이 많은 서구적 삶에 양식에 대한 의문, 공공장소에서의 마스크 착용 등이다.

이로 인한 수많은 영향력이—이 글을 쓰고 있는 이 시점에 미처 다 알 수 없는—마치 도미노처럼 이 붕괴의 이론 내에서 다시 퍼지기 시작한다.

어찌되었건, 전염병의 대유행의 역사는 이것이 길어야 1-2년을 넘지 않을 것이며, 그 사이애 세계는 이전의 삶을 회복해 가기를 멈추지 않을 것이라는 것을 가르쳐 준다. 하지만 대량 검사, 감염자의 분리와 관리, 보호 장비의 생산과 같은 프로토콜을 만드는 것과 새로운 유행병에 대응할 능력을 갖추는 것은 여전히 과제로 남을 것이다. 수년 전 사스의 위기를 겪은 아시아의 경험은 다른 국가들에게 중요한 모델이 될 것이다.

이 책은 원래 2014년에 프랑스어로 출간되었고 이후 세계의 붕괴라는 정서의 뿌리를 보여주기 위해 여러 언어로 번역되어 있다. 특히 한국어 번역과 관련하여 원고를 세밀히 감수해 준 나의 스위스 로잔대학교 동료인 전재영 박사에게 진심 어린 감사의 마음을 전한다. 또한, 이 책을 출간하기 위해 수고해 준 기독교문서선교회(CLC) 직원들에게도 감사드린다.

이 책은 묵시론이라는 것이 유대교와 기독교에 그 기원을 두고 있다는 사실을 제시한다. 비교적 평이한 언어로 쓰여진 이 책은 일반 대중에게 세계의 종말에 대한 인상이 그 핵심에 있어 인간의 정체성에 관한 문제라는 것을 이해할 수 있도록 몇 가지 아이디어를 제시할 것이다.

현생 인류는 호모 사피엔스 사피엔스라고 정의된다. 이것은 인간이 자신을 둘러싼 새로운 환경을 인식하고 적응하는 능력에 의거한 정의이며, 이는 사피엔스라는 말을 의미이기도 하다. 인간은 이 땅 위에서 자신의 위치에 관한 것뿐 아니라, 종교와 영성을 통해 신 혹은 신들이 거하는 천상의 세계와의 관계, 또한 다른 인간들과의 관계에 관해 질문하고자 하는 목마름을 가지고 있다.

묵시론은 근본적으로 실제 세계와 지각할 수 있는 세계 사이의 관계를 탐구한다. 그러나 묵시라는 표현은 원래 재앙을 뜻하는 것이 아니며 그 어원에 있어 계시를 뜻한다. "끝나지 않는 세계의 종말"은 과거와 현재 그리고 미래의 끝나지 않는 이러한 탐구를 말한다.

2020년 4월 28일
스위스 로잔에서

서론

　세계의 종말은 일어날 것인가?
　여러 달 동안 끈질기게 맴도는 이 질문은 장 지로두(Jean Giraudoux)의 걸작에서 모사된, 세계의 종말은 일어나지 않을 것이라는 대답을 끊임없이 내 안에 환기시킨다. 물론, 내가 어릴 적 학교에서 배웠던 내용이 생각났다. 지구가 수천 년 안에 태양의 뜨거운 열기에 더 이상 저항하지 못하게 된다는 내용이었다. 그러나 중요한 것은 그런 것이 아니다. 내가 말하고자 하는 것은 이성적으로 세워진 학문이 아니다. 작은 음악처럼 퍼져있는 정서에 관한 것이다.
　세계의 종말은 임박해 있는가?
　세계의 종말이 2012년 12월 21일이라고 예고된 일이 있었다. [하지만] 아무 일도 없었다.
　지금 그날은 다른 날로 고지된다. 내게는 마음 깊숙이 정말로 가능한 무언가가 있음을 알아내려 하지만 그것을 믿지 못하는 이 양면적인 정서. 많은 사람이 12월 21일이라는 운명적인 그날까지 그 정서를 공유했다.
　나는 심리학자나 사회학자가 아닌 고대(Antiquité)를 다루는 역사가로서 이 양면성에 관해 검토하려 한다. 나는 이 모순적 정서를 조사함으로써, 이 정서가 21세기 초 사회에 내재한 공포인지 아니면 우리들 각자를 괴롭히는 임박한 죽음의 불안에 대한 모종의 보편적 반응인지 자문하기 원한다.

1. 루머의 출처로

예를 들어, 2012년 12월 21일이 세계의 종말이라 알렸던 발표에서 시작해 보자.

그 발표는 매우 많은 쓰여진 흔적들을 남기는 데 이점이 있다. 여기서 흥미로운 것은 일련의 유사과학적 증거들이 아니라 전 세계의 매체들이 그 루머를 전달하며 불길한 예언을 마야인 시간의 순환 주기와 연결하게 하는 기제들이다.

아즈텍인들과 잉카인들과 함께 마야인들은 라틴 아메리카 인구들 중 일부를 이루는데, 이들에 관한 화려한 고고학적 발견은 19세기와 20세기에 사람들에게 지속적으로 강한 인상을 남겼다. 그들의 숙련된 금세공술, 금이나 귀한 보석으로 된 여러 용품들의 발견됐다.

깊은 정글에 파묻힌 도시국가들에 위치한 [일정 이상] 위엄 있는 피라미드들의 유적들은 오늘날에도 여전히 매혹적이기에 콜럼버스 이전 시기에 사라진 이 문명들의 토대에 관한 연구가 계속되고 있다. 불행히도, 마야인들에 대한 연구는 심각한 자료의 결핍과 맞닥뜨리게 되는데, 이는 16세기 및 17세기에 걸쳐 이 지역에 지속된 스페인의 식민지화가 문서들의 파괴로 귀결되었기 때문이다.

거의 [지난] 두 세기 동안, 고고학자 및 역사가들은 멕시코 남부에서 벨리즈, 과테말라 그리고 온두라스를 거쳐 엘살바도르까지 펼쳐진 마야 문명의 독특한 특징과 그 몰락의 원인들을 파악하려 했다.

근접한 세계의 종말에 대한 루머는 존 에릭 톰슨(John Eric Thompson) 경에 의해 발견된 마야 문서의 독해에 기초한다.

1950년대에 이 저명한 중미학 연구자가 13번째 박툰(baktun)은 3번째 칸킨(kankin) [달] 4번째 아하우(ahau) 날에 종결될 것이[1]라는 문구가 담긴 670년으로 연원이 추정되는 기록을 해독한다. 세속적인 사람들에게 멕시코 토르투게로에 위치한 [기념비적인] 마야 건축물에서 발견된 그 텍스트는 아무 의미도 갖지 않는다. 하지만 이 콜럼버스 이전 시대의 중앙 아메리카 문명들을 연구하는 전문가들에게, 이것은 역법(曆法) 달력(calendrier)과 관련된다.

실제로 박툰은 144,000일의 주기다. 이 계산법은 "[…]로 볼론 욕테 쿠(Bolon Yoket Kuh)의 강림이 […] 일어날 것이다"라고 이어지는 문구의 해독이 없었다면, 마야인들에 의해 사용된 다른 역법들 중 그저 하나의 계산법으로 남았을 것이다. 볼론 욕테 쿠(쿠쿨칸, 케찰코아틀)라는 신은 전쟁이나 지하 세계와 연결된다. 어떤 사람들에게는 세계의 종말에 대한 고지를 이해하는 데 그 외에 아무것도 필요치 않았다. 우리는 마야 세계의 전문가가 아니며 이에 대한 지식도 부족하지만 우리가 할 수 있는 말은 단편적 기록과 공백이 특징인 이 유일하고도 짤막한 텍스트에 기초하여 결론을 이끌어내서는

---

[1] 마야 달력에서 박툰은 144,000일의 주기이며, 365일을 1년으로 하여 한 달을 20일로 구성하는데(18월과 5일짜리 윤월), 칸킨은 1년 중 14번째 달이며 아하우는 한 달에서 마지막 날이다.

안 된다는 것이다.

　어떻게 이 명문으로부터 세계의 종말이 2012년 12월 21일에 올 것이라고 판독하게 된 것일까?

　먼저 마야인들이 콜럼버스 이전의 다른 문명들의 것과 같은 달력의 흐름을 살펴봤다는 점이 관찰된다. 그들은 복수의 달력을 다양한 용도에 따라 구별했다.

　예컨대 우리는 마야 세계에서 일상을 위한 달력인 하아브(haab)를 볼 수 있다. 이 달력은 1년을 365일로 세며, 즉 우리가 아는 태양력에 매우 가까운 것이다.

　또한, 좋은 때를 맞춰 제의를 거행하기 위한 신성한 달력인 촐킨(tzolkin)이 있다. 이 달력은 20일을 한 주기로 하는 13주기가 있으며, 즉 260일로 이루어진다.

　이 두 달력은 52년을 주기로 일치한다. 마야인들은 이러한 주기의 일치를 매우 위험한 것으로 해석했다.

　우리는 [이를] 세계의 종말로 이해할 수 있을까?

　마야 문명의 세계 이해는 우리의 세계관과 정확하게 일치하지 않는다. 다른 콜럼버스 이전 시기의 민족들처럼, 마야인들은 창조를 시간의 시작에 놓고 세계의 종말을 시간의 끝에 놓는 선형적 전망에 세계를 한정하지 않는 듯 보인다.

　마야인들은 신들이 서로 다투어 세계를 만들고 파괴할 수 있다고 믿었다. 그렇다면 우리는 기껏해야 세계의 종말에 대해 이야기할 수 있을 뿐이며, 각각의 창조 주기의 끝에 있는 세계에 대해 이야기할 수 없다. 각각의 창조는 13박툰, 즉 1,872,000일의 주기로 지속될 수 있었다.

비록 이 주기의 종결이 질문과 함께 불안을 유발할 수는 있겠으나 이 순간은 인류 혹은 심지어 지구의 파괴로 표상될 수는 없다. 마야인들은 차라리 격변기를 다시 말해 파괴를 말하기 보다는 그들 역사에서 새로운 시대를 기다렸던 것이다.

13박툰의 계산은 하나의 다른 역법 체계, 곧 하아브나 촐킨과는 다른 체계에 해당된다. 토르투게로의 명문은 긴 계산(compte long)이라 불리는 이 달력의 일부를 보존한다. 이 달력은 마야인들이 긴 지속 기간에 걸쳐 역사를 나타낼 수 있도록 했다. 이 계산은 역사에서 어느 선택된 순간 창조 혹은 새로운 창조의 순간부터 시작하여 13박툰, 즉 144,000일의 주기로 13번이 끝날 때까지 연속된다.

명문의 첫 부분에서 밝혀지는 것은 이것이 이러한 주기들의 끝을, 우리 세계의 창조의 종결로 규정될 수 있을 이 창조의 종결을 언급하지만 마야 문명의 시간 이해를 모르는 사람들의 경우 이 표현을 과도하게 해석할 위험을 떠안게 된다는 점이다.

메소아메리카인들은 이 주기들의 시작을 [우리의 역법으로] 기원전 3114년 8월 11일에 그리고 그 종결을 2012년 12월 21에 맞춘다. 다른 전문가들은 2012년 12월 23일이 그 날짜라고 생각한다는 점을 상기하자. [그날을] 우리의 역법 체계에 맞추게 될 때 마지막 날짜는 몇 일 정도 [앞뒤로] 움직이게 된다. 실제로 다른 긴 주기들에서 날(jours)로 표현된 우리의 1년을 나타내는 데 선택되고 지속 기간 회귀년 혹은 태양년이라 불리며 365.242190517일로 이루어진 이 기간은 세계의 종말이라 주장되는 마지막 날짜를 변동하게 만든다.

이 정확한 수치 혹은 365일 같이 그에 근접한 수를 참고 하는 것이 그 변동을 설명해 준다. 다른 마야 연구자들은 또한 이러한 날짜들을 반박하며 달력의 시작점이 틀렸다고 주장한다. 과테말라 북쪽에서 발견된 티칼(Tikal)의 비석에는 기원전 3114년 8월이라는 달에 해당하는 것만이 실렸을 뿐, 다른 자세한 이야기가 없다. 만일 이 계산을 따른다면, 기껏해야 2012년 12월의 어느 한 날을 세계의 종말로 예보할 수 있을 뿐이다.

과테말라 동쪽에 위치한 키리구아(Quirigu)에서 발견된 다른 비석은 추가로 자세한 내용 없이 이 시작점을 확인한다. 티칼의 비석에는 다른 중요한 정보를 얻을 수 있는 설명이 담겨있다. 어쨌든 이 비석에 적힌 [기원전] 3114년 8월의 이 불명확한 날짜는 [지난] 마지막 창조와, 다시 말해 우리가 오늘날까지 살아온 13박툰의 주기와 일치하지만, 세계의 종말을 말하는 다수의 주창자들이 단언하는 것처럼 첫 번째 창조의 날짜와 일치하지는 않는다.

티칼의 비석은 첫 번째 창조를 기원후 6세기 이 기념비의 건립에 앞서 거의 500만 년 전으로 비정하는 듯 보인다. 그러므로, 2012년 12월 21일을 세계의 종말로 보는 계산은 마야 역법들을 자세히 검토해 볼 때 근거는 없는 것이다.

게다가 마야 문명의 다른 명문들은 13번째 박툰 이후의 사건들을 내다보는데, 이는 13번째 박툰의 종결이 마야인들에 의해 세계의 종말로 이해되지 않았음을 의미한다. 예컨대 멕시코 남쪽에 위치한 팔렌케(Palenque)의 피라미드 위에서 파칼 1세(Pakal Ier)라는 왕의 탄생일인 603년 3월 24일부터 계산이 시작되는 명문이 발견됐다. 이 지속 기간은 팔렌케의 군주를 기념하며 4000년이 훨씬 넘어 4772년 8월 21일까지 이어진다.

멕시코 남동쪽의 코바(Cob)에서 발견된 비석은 13박툰 이후에 인간의 수준에서 거의 나타낼 수 없을 정도로 훨씬 더 [길게] 연장되는 계산을 제공한다. 미래에 41옥틸리온(octillions), 즉 41 x 10^{48} 일이라는, 우주물리학자들이 제시하는 우주의 나이를 훨씬 넘어서는 지속 기간이 제시되는 것이다!

토르투게로 비문의 두 번째 부분은 볼론 욕테 쿠라는 신의 행위와 관련되지만, 더 완전한 텍스트 없이는 이 신의 강림의 정확한 의미는 정확히 알 길이 없다. 덧붙여 볼론 욕테 쿠는 땅 밑의(chthonienne) 신, 즉 지하 세계의 신이기에 땅과 그 거주자들을 벌하기 위해 하늘로부터 오는 강림을 그리기는 난감하다. 또한, 그 신의 강림과 관련된 장식은 기이하며 이런 이유로 메소아메리카인들은 여전히 다른 방식으로 심연에 빠진 그 기호의 의미에 관해 토론하고 있다. 그러니까 그 신이 내려온다고 말할 수 있을지가 분명치 않은 것이다.

끝으로, 마야 문명의 신화적 텍스트들에서 때때로 미래 시제와 현재 시제를 구별하는 것이 어렵다는 점을 명확히 해야 한다. 그러니까 비문이 그 시대의 사건(들)을 이야기하는 것인지 아니면 장차 다가올 일(들)을 이야기하는 것인지 알 수 없다는 것이다. 마야 문화에 대한 잘못된 이해와 부족한 명문으로 인해 혹자들이 2012년 12월 21일을 세상의 마지막 날이라 보는 (불확실한) 예언을 확신하는 불확실성에 추가로 뛰어들도록 해서는 안 된다.

2. 루머의 확산

고고학자 존 에릭 톰슨 경(sir John Eric Thompson)은 1950년에 토르투게로 비문을 발견했으나 [이로부터] 세계의 종말에 대한 예고를 읽어 내지는 않았다. 이러한 해석을 보려면 1980년대까지 기다려야 했다. 이러한 해석은 뉴에이지(새 시대, New Age) 믿음이나 혹은 그 존속과 연결되는 것으로 보인다. 뉴에이지의 소용돌이에서 마야 텍스트의 해석에 기초하는 믿음들, 즉 마야주의(mayanisme)라 명명되는 것들이 발견된다. 그때 가장 큰 역할을 했던 한 사람이 있는데, 바로 호세 아르귀엘레스(Jos Argelles)다.

이 미국인 마야 전문가는 그 비문에서 세계 종말의 날짜를 찾았다고 생각했다. 그는 1987년에 출간되고 『마야 팩터』(Le facteur maya)라는 제하에 프랑스어로 번역된 책에서 서둘러 그 날짜와 의미에 대해 이야기했다.

비록 지금은 도서관의 숨겨진 선반에 놓여있을 수도 있었으나 이 책은 당시 대단한 규모의 인기를 누렸다. 1987년 8월 16일과 17일에는 아르귀엘레스라는 바로 그 인물에 의해 조직된 조화로운 일치(la convergence harmonique)라 명명된 큰 집회가 지구의 여러 중요한 장소에서 동시에 개최됐다. 뉴에이지 운동의 일환으로 거의 15만 명에 이르는 사람들이 전 세계에서 회합에 참가했다. 그들은 세계의 변화를 바라는 비밀스런 희망으로 평화를 위한 명상에 들어갔다. 인류가 구원되려면 반드시 이루어져야 할 변화를 위해서 말이다. 그때 때마침 호세 아르귀엘레스의 책이 호명됐다.

왜냐하면, 그 책이 세계 종말의 날짜를 고지했기 때문이다. 어느 정도의 달변과 훌륭한 의사소통의 자질을 타고났기에 그는 곧 인터넷의 비밀스런 사이트들에서 상당한 인기를 얻게 된다. 이 미국인 마야 전문가는 자기 이론을 한층 더 밀고 나간다. 그는 중국의 고전인 역경(易經, Yi Jing[Yi King])에 사용된 기호들에 비추어 마야 달력들을 해석해냈다. 이 작품은 기원전 첫 번째 천년기로부터 연원하며 이 세계의 현재적 상황과 앞으로의 전개를 점치는 기법들을 담고 있다.

아르귀엘레스는 인간과 지구라는 전자기적 배터리의 연결에 관한 검토를 덧붙였다. 비록 마야 비문에 대한 그러한 해석을 내놓은 첫 번째 사람은 아니지만, 호세 아르귀엘레스를 2012년 12월 21을 세계의 종말이라 주장하는 이론의 창안자로 놓는 것은 불합리한 처사가 아니다.

13박툰의 주기의 끝이 최초로 뉴에이지 류의 관심의 대상이 된 것은 1950년대 중반 무렵부터였다. 마야 전문가 모드 우스터 메이켐슨(Maud Worcester Makemson)이 그 예로, 마야인들에게 그 주기의 끝이 부과하는 중요성에 관해 역설했다. 이 중요성은 인간에게 고지된 징벌에서 점차 드러날 것이었다. 이런 관점에서 1966년에 출간된 마이클 코우(Michael Coe)의 책 『마야』(*The Maya*)는 13박툰의 마지막 날에는 우주의 파괴가 일어날 것이라고 암시한다.

1975년에 출간된 프랭크 워터스(Frank Waters) 작품의 제목 『신비한 멕시코: 다가오는 여섯 번째 인식의 시대』(*Mexico Mystique: The Coming Sixth Age of consciousness*)는 웅변적이다. 같은 해, 두 권의 다른 책이 2012년을 세계 종말의 해로 논의하지만 보다 정확한 날짜는 검토하지 않는다. 로버트 셰어러(Robert Sharer)가 쓴 글에 따라 2012년 12월 21일을 세계 종말의 날짜로 읽게 되려면 1983년까지 기다려야 했다. 이 날짜는 마야 달력의 날짜들 사이의 상관관계를 제공하는 표의 수정에 근거한다. 과학성의 비호 아래, 뉴에이지 운동의 신봉자들이 2012년 12월 21일의 특수한 의미에 대해 확신하게 되었던 것이다.

3. 종말의 양상들과 반복되는 내용

마야 비문의 텍스트는 곳곳이 파손 되어 있기 때문에, 세계 종말의 정확한 양상들에 관해서는 상상에 맡길 수밖에 없다.
2012년 12월 21일에 정확히 어떤 일이 일어날 것인가?
마야 전문가들은 우리에게까지 도달한 희귀한 마야 문명의 책들에서(종말에 대한) 서술을 구했다. 추마이엘(Chmayel)의 사본을 포함하는 칠람 발람(Chilam Balam)의 책들은 우리가 세계 종말에 대해 유추하기에 적합한 도서다. 예를 들어, 이런 이야기를 읽게 된다.

> 땅이 타오르고 하늘에 크고 하얀 원환들이 있을 것이다. 고통이 터져 나오고 부유함이 (땅에) 묻힐 것이다. 땅이 타오르고 억압의 전쟁이 타오를 것이다. 이는 괴로움과 눈물과 비참의 시기가 될 것이다.

이 무시무시한 내용으로 인해 마야 전문가들은 텍스트의 다른 형태가, 말하자면 같은 책의 상이한 사본들에 따라 예언들이 다르게 나타난다는 사실을 전하는 것을 잊는다.
언제나 이 재난의 예언에는 설명이 뒤따른다. 예컨대 무시무시한 [재앙의] 서술은 역사의 이야기들에, 즉 과거에 비추어 해석된다. 마야인들은 이로부터 현실화된 귀결들을 도출한 것으로 보이는데, 왜냐하면, 그들이 이 텍스트 곁에 의학적인 글과 조언을 덧붙였기 때문이다. 유명한 예언들은 과거를, 특히 스페인의 정복이라는 참사를 설명하는 텍스트나, 독자들 및 청중을 가르치기 위한 교육적 텍스트와 한층 더 유사하다. 이 텍스트에서 그 무엇도 2012년 12월 21일이나 다른 한 날짜를 세계의 종말에 대한 예언과 관련 지을 수 없다.

이 텍스트는 16세기 17세기의 정복자들에 의한 마야 문명의 붕괴를 강렬한 방식으로 전달한다. 이 텍스트는 16세기와 17세기 콘키스타도레스/정복자(conquistadors)의 충격 아래 [일어난] 마야 세계의 붕괴라는 사실을 강렬한 방식으로 전달한다.

2012년 12월 21일로 예정된 세계 종말의 시나리오들이 이 마야 텍스트를 반복하지 않았을 때, 우리는 다른 배경에서 이미 읽었거나 들어본 듯한 스크립트가 포함된, 한없이 이어지는 일련의 시나리오들에 의지하게 됐다.

뉴에이지 시나리오와 천재지변의 해석이 구별될 수 있는데, 여러 매체들에서 후자가 전자를 대체하는 경향을 보인다.

뉴에이지 시나리오는 흔히 천문학(astronomie)과 관련된다. 마야 텍스트들은 결코 13박툰 주기의 끝을 어떤 천문학적 현상에 연결하지 않는다. 다른 뉴에이지 이론들에서 그런 것처럼, 예외적인 천문학적 현상이 고지된다. 그래서 점성술(astrologie)은 이 장래의 현상에 어떤 의미를 부여하기 위한 역할을 담당한다.

2012년 12월 21일 세계 종말의 사건에 대한 특별한(ad hoc) 문헌이 은하의 정렬(alignement galactique)을 거론했다. 점성술은 태양이 1년의 경로를 따라 별이 촘촘한 하늘을 가로지른다는 인상에 근거를 둔다. 우리는 하늘에서 황도대(zodiaque)의 12별 자리라고 명명된 별들의 배치를 분간해 냈다.

또한, 태양의 경로는 지구가 태양을 도는 축의 변화에 따라 72년에 1도가 변하기 때문에 불변으로 보이지 않는다. 자세한 내용으로 들어가지 말고, 12월 21일, 즉 동짓날에 태양이 사수좌(constellation de Sagittaire)에 있다고 해 보자. 그런데, 관건이 되는 황도대가 은하수(Voie lactée)를 다시 말해 우리 은하(galaxie)를 희끄무레한 리본 형태로 자른다. 그래서 지구로부터 매년 동짓날인 12월 21일에 태양과 은하수의 정렬이 관찰된다. 매년 태양은 은하수에서 약간씩 위치를 바꾸며, 그래서 2012년 12월 21에는 은하수 거의 한 가운데 자리할 수 있게 된다.

우리는 이 천문학적 현상을 은하의 정렬이라고 지칭한다. 점성가 레이먼드 마딕스(Raymond Mardyks)는 이 현상을, 세계 종말의 예고와 관계 없이, 1998년과 1999년에 예상했다. 그는 고대의 점성가들이 매 2만 6천 년마다 일어나는 현상에 최고의 중요성을 부여한다고 덧붙인다. 이런 견해는 다른 점성가들에 의해 마야 문명에 대해 추정된 믿음과 연결된다. 그들은 은하수 안에 어두운 먼지 무리를 식별한다.

존 젠킨스(John Jenkins)는 마야인들이 이 검은 길 혹은 시발바 베(Xibalba be)[2]가 (은하의) 정렬을 가로지르는 때에 특별한 의미를 부여한다고 주장했다. 그는 이때가 2012년 동지 무렵 인류에 있어 영혼의 격변의 시기에 맞아 떨어진다고 덧붙인다. 말할 필요도 없이 이 이론은 마야인들에 따른 텍스트에 근거하지 않으며 은하의 정렬이란 자의적인 선일 뿐이다. 왜냐하면, 천문학자들이 은하수의 경계를 정확하게 결정할 수 없으며 어떠한 문서를 보더라도 마야인들이 은하수에 중요성을 부여했다고 단언할 수 없기 때문이다.

인도 세계로부터 2012년 세계의 종말에 관한 또 다른 뉴에이지류의 이론이 나온다. 그것은 우리 연구에서 지엽적이라 할 수 없는데, 이 이론을 표명한 구루(gourou) 칼키 바가반(Kalki Bhagavan)에게

---

[2] 시발바(Xibalba)는 대략 두려움의 장소라는 의미이며, 마야 신화에서 지하 세계를 관장하는 신들이 다스리는 곳으로 알려져 있다. 따라서 '시발바 베'(Xibalba be)라는 말은 지하 세계로 가는 길을 뜻한다.

150만 명 이상의 추종자가 따라붙었기 때문이다. 그는 신자들에게 힌두교의 신 비쉬누(Vishnou)의 화신으로 간주되었고, 2012년을 타락한 시대의 종말로 선언했다.

같은 종류의 다른 비의적 예언들이 2000년부터 쏟아져 나왔다. 한 가지 예가 대표적인데, 대니얼 핀치벡(Daniel Pinchbeck)은 2006년에 출간된 그의 책 『2012년: 케찰코아틀의 귀환 2012』(*The Return of Quetzalcoatl*)에서 마야 전문가들의 생각들을 뒤섞었다. 그는 외계인의 인간 납치와 13번째 박툰을 연결 지었고 계시를 받았다고 주장했으며, 세계화된 사회가 너무나 물질주의적이고 합리적이라고 비난했다. 이러한 주장들에 힘입어 그는 직관적 인식으로의 복귀를 선언했다.

이렇게 우리는 시작부터 서로 아무 관계도 없는 환상들과 이론들의 축적에 직면해 있다. 소통의 언어에 있어서 우리는 과장된 허풍이라는 현상을 이야기한다. 너무나도 기이한 이론들이 더 많이 만들어질수록, 더욱 더 사실적인 논거라는 인상을, 다시 말해 어수선한 이 모든 이론이 같은 견해를 말하고 있다는 인상을 받게 된다. 여기서, 그것은 바로 세계의 임박한 종말이다.

모두 더 나은 세계를 염두에 둔 영적 변화만을 알리는 이 뉴에이지 이론들은 재앙을 말하는 이론들로 교체됐다. 거기서 인간 종의 멸종과 지구의 파괴가 예고된다. 시청각 매체가 이러한 전개에서 일익을 담당한 것으로 여겨진다. 파괴의 이미지들은 십중팔구 뉴에이지 류의 고행보다는 이러한 매체와 더 어울렸다. 이에 관해 확인해 보려면, 유튜브(YouTube)나 데일리 모션(Daily Motion) 같은 인터넷 사이트들에 올려진 비디오들에 접속해 보는 것만으로도 충분하다. 거기서 세계 종말에 관해 가능한 시나리오들을 다루는 시리즈들을 찾을 수 있다.

그런 것들 중 하나인 역사 채널(History Channel)은 전 세계의 텔레비전 채널들에서 방송될 정도로 큰 인기를 누린다. 2009년에는 '2012년 아포칼립스'(2012 Apocalypse)라는 제목의 다큐멘터리가 디스커버리 채널(Discovery Channel)에서 방송되기도 했다. 그리고 영화도 결코 가만히 있지 않았는데, 그러니까 헐리우드 영화의 언어로 재앙을 이야기하는 영화에는 2012라는 간결한 제목이 붙여졌다. 지나치게 자세히 이야기하기를 바라지는 않으나 [이 영화에서] 우리에게는 2012년 12월 21일에 엄청나게 큰 땅의 진동, 새로운 화산들의 폭발, 쓰나미, 자기 폭풍 그리고 이와 함께 태양의 대폭풍에 연계된 지구 자기장의 역전을 보게 된다.

다른 재앙적 이론들은 은하의 정렬에 대한 가설을 쫓는 데, 말하자면 그 귀결로 은하수 중앙에 블랙홀이 만들어지고 이것이 지구를 삼킨다는 것이다. 다른 가설들에서는 동일한 현상이 종들의 대멸종을 일으킨다. 이를 예고하는 징조들은 과거에 발견된 화석들에서 그리고 공룡들의 멸종에서 볼 수 있다. 260만 년마다 종들이 소멸한다.

세계 종말의 뉴스를 전달하는 다른 주창자들은 2012년에 지구가 다른 행성 또는 천체(objet céleste)와 충돌할 것이라고 말한다. 라스 폰 트리에(Lars von Trier)의 멜랑콜리아(Melancholia)가 이런 방식으로 종결된다. 이런 견해는 [전혀] 새롭지 않은데, 이미 2003년 5월에 동일한 [내용의] 고지가 있었고 천체와의 충돌에 이은 세계의 종말을 예상했기 때문이다. 태양계의 알려지지 않은 행성이 지구와 부딪히게 되며, 이 행성은 행성 X 혹은 고대 바빌론인들에게 잘 알려진 별의 이름을 딴 니비루(nibiru)라 명명된다.

직업 천문학자들은 2012년에 그러한 [충돌이 있을 것이라는] 전망을 반박한다. 오늘날에 이르기까지의 이러한 이론들의 목록을 완성하는 일은 독자가 할 일로 넘긴다.

4. 현재의 문제를 이해하고 행동하는 데 있어 과거(를 참고하는 것)의 타당성에 대해서

혼돈(chaos)에 대한 예고는 오랫동안 있었지만, 가장 최근의 예언들이 충격적인 것은 대하게 되는 이론들이 너무나 많다는 점이다. 이는 실제로 21세기 초의 대중 매체(mass media), [그중에서도] 특히 인터넷 망에서 볼 수 있다. 다수의 영역(역사, 영성, 종교, 천문학, 점성술, 물리학)에 결합된 이 모든 이론을 모아내는 대중의 효과는 임박한 그리고 피할 수 없는 세계의 종말로 가는 사건들의 집중을 시사한다.

그 주제에 관한 시청각 다큐멘터리의 증가에 더하여 우리는 또한 바이럴 마케팅(marketing viral), 말하자면 운명의 날짜가 새겨진 티셔츠나 머그컵 및 다른 물건들을 통한 [세계 종말에 관한] 견해의 증가된 확산에 주목한다. 인터넷 유저들에 의해 세계의 종말에 헌정된 사이트들에 쓰여진 논평들을 읽는 것 또한 특기할 만 한 일이다. 거기서 읽게 되는 것은 일반화된 불안, 죽음에 대한 공포, 참과 거짓이나 환상과 현실에 대한 식별의 부재다.

종종 이러저러한 관점을 논변하기 위해 전문가들이 호출되지만, 우리는 때때로 학술 용어가 입혀진 그들의 주제에 대한 [그들 자신의] 잘못된 이해를 확인하거나 혹은 음모에 대한 고발과 진실의 은

폐에 대한 기도를 확인하게 된다. 그들 중 몇몇은 사람들이 더 이상 귀 기울여 듣지 않기 때문에 이제부터 대답을 거부한다고 해명하기도 한다. 그래서 블로고스피어(blogosphère[3])는 세계의 임박한 종말을 주장하는 지지자들의 손에 넘겨진다.

언론인 로르 그라티아스(Laure Gratias)는 이 주제에 관한 자신의 책에 『2012년의 대공포』(La grande peur de 2012)라는 제목을 붙였다. 이 제목은 1789년 프랑스 대혁명의 발단기에 프랑스 농촌에서 농부들 사이에 떠돌던 귀족들이 도적떼를 고용해서 그들을 죽이고 폭동을 종결 지으려 한다는 루머를 준거로 삼는다.

농촌에서 이 루머의 확산은 귀족들에 대한 폭력을 불러일으켰다. 천년이 전환되던 당시 중세 유럽에는 또 다른 공포가 스며들었다. 사람들은 이미 천년기의 변화와 함께 인류가 멸망하리라고 생각했던 일이 있었던 것이다. 2012년 12월 21일을 세계 종말[의 날짜]이라고 하는 고지로, 우리는 또 다른 루머를 새로운 그러나 지구적 규모의 큰 공포에 마주하게 됐다. 인터넷에 루머가 흘러 넘친다 해도, 모든 루머가 마찬가지로 큰 반향을 누리는 것은 아니다.

왜 그러한 반향이 이는가?

2012년 혹은 그 보다 이후의 날짜로 예고된 임박한 세계 종말의 관한 이야기가 확산 되는 것은 21세기 초, 세계화된 우리 사회를 관통하는 문제들과 불안감과의 마주침으로 설명된다.

2012년에 대한 세계화된 큰 공포는 정치 저술가나 철학자, 사회학자나 심리학자들의 편에서 학문적으로 논증된 설명들을 읽을 기회를 제공했다. 내가 내놓는 것은 하나의 다른 관점, 즉 고대 역사

---

[3] Blogosphere는 여러 주제에 관한 블로그 서비스를 제공하는 인터넷 사이트이다.

가로서의 관점이다. 우리가 지적한 것처럼, 이 임박한 세계 종말의 예고는 유일한 것이 아니다. 우리는 심지어 장소와 시대를 넘어서 [종말의] 예고의 반복을 규명할 수 있다.

마야 문명의 의사(擬似)-예언들이 수십 년 동안 주로 소환되기는 했지만, 세계 종말의 예언은 서력 전환기 유대 종교의 문헌에서 훨씬 자주 등장한다. 그 유산은 때때로 수용되기도 하지만, 직접적으로 수용되는 경우는 드물다. [이 책에서 고대 텍스트들은] 다양한 형태로 차용 될텐데, 이는 그 텍스트들을 그들이 기원한 원래의 [역사적] 배경 속에 재위치시킴으로써, 독자로 하여금 고대의 이상(理想, idées)과 이미지들이 어떡해 임박한 세계 종말이라는 현대적 (actuelle) 표현과 연관되고 있는지 평가 할 수 있도록 하기 위함이다.

고대 유대교 문헌은 종종 엄청나게 큰 화재를 통해 사람들이 사라지고, 세계가 사라질 것이라고 말한다. 이 책들은 사람들에게 [이 재앙에] 대비하라고 촉구한다. 기독교와 이슬람은 이러한 이상들을 자기 이야기로 되풀이할 뿐이다. 임박한 세계 종말에 대한 오늘날의 질문들은 서력 전환기에 제기된 질문들과 유사하다.

이 질문들을 검토하고 이 질문들을 제기하는 자들을 식별하며 무엇보다 그때 내놓은 대답들을 연구하는 것, 그것을 통해 우리는 과거의 쟁점들을 이해하고 임박한 세계 종말에 대한 오늘날의 예고들과의 유사성을 평가할 수 있을 것이다. 시간이나 공간의 차이를 넘어서 공통적인 지점들이 식별될 수 있으며, 과거의 질문과 오늘날의 질문 사이의 거리를 측정하는 일이 남아있다.

우리가 바라는 것은 당대의 질문에 거리를 두고 그러한 질문에 대해 과거에 이미 표명된 대답들을 독자에게 제공함으로써, 독자가 온전한 가르침과 취해야 할 행동을 이끌어낼 수 있는 위치에 서도록 하는 것이다. 그러므로 이 책의 목표는 현재나 과거에 제시된 세계 종말의 예고를 통해 독자에게 환상을 넘어서 현재 우리 문명이 당면한 문제의 쟁점들을 이해할 수단을 제공하는 일이다.

제1장

아포칼립스, 신적인 계시로부터 세계의 종말에 이르기까지

세계의 종말이 가까이 다가왔다는 믿음은 흔히 아포칼립스(묵시, apocalypse)라는 말로 나타난다. 여기에는 세계와 인간들이 모두 휩쓸려 들어갈 엄청난 규모의 천재지변이 관련된다. 어의(語義)상의 확장을 통해 이 말은 대규모의 재앙을 의미하게 된다. 이에 관해서는 미국의 베트남 전쟁에 관한 프랜시스 포드 코폴라(Francis Ford Coppola) 감독의 흥행작 "아포칼립스 나우"(Apocalypse Now)[1]를 예로 들 수 있겠다. 이 영화는 베트남전 당시 분쟁의 정체와 미국 병사들이 처하게 된 곤경을 비난했다.

이를 위해 영화는 죽음이 임박했다는 느낌을 표현해 낸다. 보다 근래에는 제1차 세계대전과 제2차 세계대전에 관한 두 개의 다큐멘터리 영화에 "아포칼립스"(Apocalypse)라는 제목이 붙여졌던 바 있다. 이 두 다큐멘터리에서 관건은 어떻게 세계가 전쟁의 나락으로 굴러 떨어지게 되었는지에 대한 설명이다. 보관실에서 소환된 주된

---

[1] 국내에서는 1988년에 "지옥의 묵시록"이라는 제목으로 개봉됨.

이미지들은 시신들과 물질적 파괴의 잔해를 보여준다.

1. 아포칼립스라는 말의 의미

프랑스어에서 아포칼립스(apocalypse)라는 말은 1160년경에 교회에서 쓰이던 라틴어로부터 차용됐다. 이 말은 기독교인들이 계시록(요한계시록, le livre de l'Apocalypse)이라 명명했던 신약성경의 한 부분을 지칭하는 고유 명사로 사용된다. 에게해(mer Égée)에 있는 밧모(파트모스, Patmos)라는 이름의 그리스 섬 출신자이거나 혹은 이 섬에서 유배형을 살고 있는 요한(Jean)이라는 사람이 하나님의 메시지를 받았다고 이야기된다.

이 인물에 대해 알 수 있는 것은 적지만 어쨌든 그는 복음서에 이름을 부여했던 (예수의) 제자 요한과 별개의 인물로 보인다. 밧모섬(파트모스섬)의 요한은 소아시아(Asie Mineure, 오늘날의 터키)에 위치한 일곱 개의 원형적 기독교 공동체에 신적인 메시지를 전달한다. 요한은 어쩌면 이 공동체들에 속한 주요 구성원들 중 한 사람이었을 수도 있다.

이 책은 헬라어로 쓰였고 이후에 라틴어로 번역되었는데, 라틴어에서 요한에게 전달된 메시지가 아포칼립시스(apocalypsis)라고 지칭되었던 것이다. 원래의 헬라어 단어 아포칼립시스(*apokalupsis*, ἀποκάλυψις)는 보통 명사며, 헬라어에서 이 말은 어떤 파국(catastrophe)이 아니라 어떤 메시지의 드러냄(découverte), 즉 계시(révélation)를 지칭한다. 따라서 계시록이란 최우선적으로 그 자체의 문학적 장르를 나타내는 것이다.

예수 그리스도의 계시(*apocalupsis*)라. 이는 하나님이 그에게 주사 반드시 속히 일어날 일들을 그 종들에게 보이시려고 그의 천사를 그 종 요한에게 보내어 알게 하신 것이라.

우리는 새로운 의미의 미끄러짐을 생각해 볼 수 있을 터인데, 실제로 아포칼립티크(apocalyptique)라는 형용사는 19세기 초에 이르러서야 작가이자 역사가인 에드가 퀴네(Edgar Quinet)의 표현에 따라 재앙을 통한 세계의 종말과 관련한 근대적 의미를 얻게 된다. 하지만 신적인 계시로부터 궁극적인 재앙으로 향한 (의미상의) 전이는 프랑스어에서 최근의 사용법과 관련된 것이 아니다. 고대로부터 두 가지 개념이 밀접하게 관련되어 있었다는 점에 비춰 때, 이러한 의미의 진화를 짐작할 수 있는 흔적이 발견된다.

계시록에서 밧모섬의 요한은 하나님과 예수 그리스도의 메시지를 드러내지만, 메시지의 내용은 가까운 장래에 도래할 가장 고통스러운 파국들을 고지하는 것이다. 하나님의 분노는 세계의 심판이라는 형태를 취한다. 사탄은 이 세계의 권세자들(puissances)을 부추긴 선동자로 규탄되고 이 권세자들은 아마도 네로(Néron)나 도미티아누스(Domitien) 같은 로마 황제들을 지칭할 공산이 크다. 그 책의 최종 형태는 이 시대까지, 즉 65년과 70년 사이 네로 황제의 치세나 혹은 91년과 96년 사이 도미티아누스 황제의 치세 말엽까지 거슬러 올라간다.

이로부터 연역할 수 있는 것은 1세기 말엽 이후로, 하나님의 계시와 임박한 세계의 종말이 연결됐다는 점이다. 그러므로 중요한 것은 심지어 고대에 있어서도 의미의 미끄러짐이 아니며, 오히려 정해진 기록의 양식(계시)과 담겨진 메시지(세계의 심판)의 단순한 동화(同化, assimilation)이다. 그러니까 아포칼립스라는 용어는 처음부터 불분명함(ambiguïté)을 묵인했던 것이다.

이러한 문헌적 종류의 의미와 계시의 대상이라는 의미 사이의 가능적 혼동은 계시록(livre de l'Appocalypse)에만 특유하게 나타나는 것은 아니다. 실제로 이 저작은 비록 소아시아에 위치한 초기 기독교 공동체들이 당면한 문제들이나 이 공동체들과 로마 제국 간의 관계에 공명하기는 하지만, 서력 전환기 유대교와의 공통적인 토대에 속하는 이상들을 기록하고 있기도 하다. 헬라어로 선택된 용어 및 표현들은 흔히 히브리어나 아람어로 쓰인 유대교 문헌에서 이미 알려진 말이나 개념들이다.

세계의 종말을 알리는 현실적 고지들의 표현을 이해하기 위해서는 어쩌면 문헌적 역학 관계를 탐지하고 그 배우에서 서력 기원 이전의 마지막 몇 세기 동안의 유대 세계에서 이미 작용하고 있던 사회-역사적 맥락을 짚어보는 편이 유익할 지도 모른다.

2. 계시의 환상

"아포칼립스"라는 용어의 원래 의미를 알아보기 위해서는 이 개념을 계시록(le livre de l'Apocalypse[2])의 예로 표현하는 텍스트를 참조

---

[2] 이 'le livre de l'Apocalypse'라는 표현은 요한계시록을 지칭하는 용어가 되기도 하지만, 여기서는 보다 일반적인 의미에서 묵시 혹은 계시를 기록한 책의 의미로 사용됐다.

해야 한다. 이러한 기록들은 모두 고대 유대교에서 특유하게 나타난다. 이 기록들은 기원전 3세기 말경부터 쓰이기 시작했다. 이에 대한 검토를 통해 계시(révélation) 전달의 네 가지 주요 양식을 생각해 볼 수 있다.

하나님의 메시지는 환상(vision)의 형태로 전달될 수 있다. 다니엘(le livre de Daniel) 안에 위치한 잘 알려진 네 가지 짐승(bêtes)에 대한 환상을 인용할 수 있겠다(단 7:1-8).

> ¹바벨론 왕 벨사살 원년에 다니엘이 그의 침상에서 꿈을 꾸며 머리 속으로 환상을 받고 그 꿈을 기록하며 그 일의 대략을 진술하니라. ²다니엘이 진술하여 이르되, 내가 밤에 환상을 보았는데 하늘의 네 바람이 큰 바다로 몰려 불더니, ³큰 짐승 넷이 바다에서 나왔는데 그 모양이 각각 다르더라. ⁴첫째는 사자와 같은데 독수리의 날개가 있더니 내가 보는 중에 그 날개가 뽑혔고 또 땅에서 들려서 사람처럼 두 발로 서게 함을 받았으며 또 사람의 마음을 받았더라. 또 보니 ⁵다른 짐승 곧 둘째는 곰과 같은데 그것이 몸 한쪽을 들었고 그 입의 잇사이에는 세 갈빗대가 물렸는데, 그것에게 말하는 자들이 있어 이르기를 일어나서 많은 고기를 먹으라 하였더라. ⁶그 후에 내가 또 본즉 다른 짐승 곧 표범과 같은 것이 있는데 그 등에는 새의 날개 넷이 있고 그 짐승에게 또 머리 넷이 있으며 권세를 받았더라. ⁷내가 밤 환상 가운데에 그 다음에 본 넷째 짐승은 무섭고 놀라우며 또 매우 강하며 또 쇠로 된 큰 이가 있어서 먹고 부서뜨리고 그 나머지를 발로 밟았으며 이 짐승은 전의 모든 짐승과 다르고 또 열 뿔이 있더라. ⁸내가 그 뿔을 유심히 보는 중에 다른 작은 뿔이 그 사이에서 나더니 첫 번째 뿔 중의 셋이 그 앞에서 뿌리까지

뽑혔으며, 이 작은 뿔에는 사람의 눈 같은 눈들이 있고 또 입이 있어 거만하게 말하였더라(단 7:1-8).[3]

그러니까 다니엘은 꿈 속에서 환상을 본 것이다. 바다에서 나온 네 짐승은 모두 기이하고 괴물과 같은 형상을 보인다. 바다에서 나온 괴물들이라는 주제는 히브리 성경의 다른 곳에서도 발견되는데, 예언자(선지자 이사야의 책에서 바다에 사는 용들과 괴물들이 등장할 때 마주하게 된다(사 27:1; 51:9-11).

이러한 이미지들은 고대 근동 지역 전체에서 공통적으로 나타나며 유대인들이 받아들여 보존했던 오랜 믿음의 잔여물일 것이다. 예를 들어, 바다 괴물은 이미 가나안 신화에도 있었는데, 말하자면 기원전 10세기 이전 레반트(Levant)[4]에 이스라엘 사람들이 도래하기에 앞서 현존하던 문명에도 있었던 것이다.

하지만 다니엘의 편집 시기, 즉 기원전 2세기 중에 단순히 이러한 오래된 모티프의 제출현만으로는 의미가 부여되지 않는다. 성경상에 있는 한 예언이 [이 문제에 대한] 해결책을 제시한다. 그것은 구약성경에 실린 다른 책인 호세아에 간직되어 있다(호 13:7-8).

예언자 호세아는 이스라엘 사람들이 우상들만을 예배하고 그들의 유일한 신 야훼(YHWH)를 예배하지 않는 데 대해 책망한다. 이 예언자는 그들이 야훼를 향한 태도를 바꾸지 않을 경우 가장 고통

---

[3] 이 인용문은 개역개정판 성경에서 저자가 사용한 프랑스어판(Bible Segond)에 맞춰 약간 수정된 것이다. 이 책의 성경 인용문들은 일부 위경 및 외경을 제외하고 개역개정판에서 인용하며 상황에 따라 대체로 이런 방식으로 수정하여 수록한다.
[4] 근동 지역 중에서도 특히 지중해 연안을 지칭하는 말.

스러운 벌을 받게 될 것이라고 예고한다.

> **⁷**그러므로 내가 그들에게 사자 같고 길 가에서 기다리는 표범 같으니라. **⁸**내가 새끼 잃은 곰 같이 그들을 만나 그의 염통 꺼풀을 찢고 거기서 암사자 같이 그들을 삼키리라 들짐승들(les bêtes des champs)이 그들을 찢으리라(호 13:7-8).

언급된 동물들이 등장하는 장면(séquence)은 두 번째 동물과 세 번째 동물의 순서가 바뀌기는 했으나 다니엘의 장면과 유사하다. 마지막 동물의 명칭인 "들짐승들"(les bêtes des champs)은 히브리어 성경에서는 단수형 들짐승(חית השדה)으로 표기되어 있다. 이런 이유로 이 알려지지 않은 짐승을 다니엘의 환상에 네 번째로 등장하는 익명의 짐승으로 간주할 수 있다. 이 동물들은 유대인들에게 가장 위험하다고 알려진 동물들과 일치한다. 따라서 다니엘은 이러한 이미지들로 큰 두려움을 표현하려 한 셈이다.

이스라엘의 적들은 때때로 야생동물들과 비견되곤 했다. 예컨대 에스겔에 수록된 다른 절(겔 34:8)에서는 이스라엘 사람들을 "모든 들짐승의 밥이 된" 양 떼로 비유한다. 혹은 다니엘과 같은 시대에, 적대자들은 에녹1서 89:55에 수록된 "동물들에 대한 계시"(Apocalypse aux animaux)라 지칭되는 유대교 텍스트에 등장하는 것들과 동일하다.

> 그분은 그들(양들)을 사자와 표범, 늑대와 하이에나, 그리고 여우를 비롯한 모든 짐승들에게 넘기셨고, 이 모든 야생의 짐승들이 양들을 잡아먹기 시작하였다(에녹1서 89:55).

가나안의 이미지들로부터 호세아를 본받아 언급된 동물들의 선택을 거쳐, 이스라엘 사람들의 적을 야생 동물로 묘사하는 전통에 이르는 하나의 계보가 그려질 수 있다. 그러나 다니엘이 봤던 혼합된 형태의 동물들은 이러한 관련성으로 설명되지 않는다.

다니엘의 환상을 해설한 주석가들은 이 이미지들이 메소포타미아(대체로 오늘날의 이라크 영토)에서 유래한 예술 작품이나 문학과 공통적임을 지적해 왔다. 심지어 20세기 중에도 시리아 및 팔레스타인에서의 예술 작품에 대한 발견의 증가는, 보다 상세하게 말하자면 [어떤 물건의] 소유자가 자기 물건에 찍는 인장들에 대한 발견의 증가는, 많은 메소포타미아 유래 이미지들이 고대 근동 전역에서 매우 광범위하게 반복됐다는 점을 입증했다.

따라서 다니엘에서 묘사된 동물과 인간을 혼합한 형상들이 다니엘이 본 환상의 메소포타미아 유래를 지지하는 논거가 됨을 밝힐 필요는 없을 것이다. 에스겔의 첫 장을 읽는 것만으로도 이에 대한 확신을 갖기에 충분하다. 요컨대 다니엘의 환상은 이러한 원천들을 되풀이하여 독창적이면서도 인상적인 작품을 만든다. 네 마리의 괴물스러운 짐승들은 독자 혹은 청자에게 혼돈과 두려움의 이미지를 부여하는 것이다.

이 책의 저자는 이런 방식으로 당대에 유대 민족을 위협하는 네 개의 강대국을 묘사한다. 사자는 메소포타미아 대부분의 지역을 지배하던 바벨론(바빌로니아) 왕국에 해당하는데, 왜냐하면 그 군주인 느부갓네살(네부카드네자르, Nabuchodonosor)이 예레미야에서 사자에 비유되며(렘 4:7; 49:50; 50:17) 성경상의 다른 구절들에서 그의 팔은 독수리를 닮았다고(학 1: 8; 겔 17:3) 언급하기 때문이다. 느부갓네살은 우선적으로 긍정적인 평가를 받게 되는데, 이는 다니엘 4장에서 그가 이스라엘의 하나님의 도구로 인식되었기 때문이다. 다니엘의 환상에서 사자에게 사람의 마음이 주어진 것은 이에 대한 고려에 따른 것으로 이해할 수 있다.

꿈의 두 번째 동물은 곰으로, 아마도 이는 카스피해 남동쪽에 발생지를 둔 메대(메디아) 왕국을 지칭하는 것으로 보인다. 게걸스럽게 뜯어먹는 곰의 이미지는 엘리사[5]의 저주로 두 마리 곰이 42명의 아이들을 갈가리 찢어 놓는 기사에서 묘사된다(왕하 2:24). 이 모티프가 다니엘의 환상에 받아들여진 것은 아마도 메대 사람들이 예레미야의 예언과 같이 바벨론 사람들을 침공했음을 나타내려 한 것으로 보인다(렘 51:11, 28-29). 고기를 먹는 곰의 이미지는 바벨론 사람들을 공격하라는 요청과 함께 공명한다.

세 번째 동물은 표범이다. 오랫동안 주석가들은 [이 동물이] 알렉산드로스 대왕 혹은 날개 달린 표범 이미지 뒤에 있는 그의 장군들이라고 인식했다. 알렉산드로스 대왕의 중동 정복 시에 보였던 신속함이 표범의 신속함과 같은 것이라고 말이다. 하박국에 바벨론 군대가 표범보다 더 빠르게 진격한다는 언급이 있는 것으로 보자면(합 1:8), 이 마지막 이미지는 성경적 환경에서 잘 알려져 있었다.

하지만 오늘날에는 페르시아 제국을 지칭한다는 인식이 선호되는 편이다. 이 표범에게는 네 개의 날개가 있다. 이 수는 다니엘에도 알려진 네 명의 페르시아 왕을 나타낼 수도 있고(단 11:2), 또 마찬가지로 네 개의 주요 방위 기점을, 즉 땅의 사방을 의미할 수도 있다.

---

[5] 저자는 엘리야(Elie)로 오기했지만, 왕하 2장의 해당 구절에서 아이들에게 저주했던 사람은 엘리야의 제자 엘리사(Elisée)였다.

페르시아의 황제는 그 지역의 다른 왕들과 달리 우주를 다스리고자 한다. 이 책의 다른 한 구절에서 느부갓네살은 꿈을 꾸게 되고 다니엘을 불러 이를 해석하게 한다. 다니엘은 [왕의 꿈을 해석하면서] "온 땅을 다스릴" 세 번째 왕국을 언급한다(단 2:39). 네 짐승의 환상에서 날개 달린 표범은 절대 권력(souveraineté)을 부여 받은 유일한 동물이며, 따라서 페르시아 제국이야말로 문제의 짐승일 것이다.

마지막으로, 네 번째 짐승은 알아볼 수 있는 동물이 아니다. 이 동물은 다른 세 짐승과 달라서, 그 특성이 훨씬 더 괴물스럽다고 말해진다. 철로 된 이빨은 느부갓네살의 환상에서 등장한 네 번째 왕국의 묘사로(단 2:40-43), 이는 이집트로부터 메소포타미아에 걸친 알렉산드로스 대왕의 왕국을 승계했던 헬레니즘 왕국들과 관련된다. 그 짐승에게는 또한 열 개의 뿔이 있다고 언급되는데, 뿔은 전통적으로 유대교 전승에서 권력의 이미지다(슥 2:1, 에녹1서 90:9, 1Qsb[사해 인근에서 발견된 축복의 서] 5:26).

이런 이유로 다니엘의 환상은 아마도 기원전 323년 알렉산드로스 대왕 사후에 시리아 지역에 세워진 셀레우코스의 헬레니즘 왕국을 지칭하는 것으로 여겨진다. 더구나 셀레우코스 1세(기원전 305-281년)이나 안티오코스 1세(기원전 280-261년)와 같은 군주들은 돈에 뿔(혹은 뿔들)이 달린 투구를 쓴 자기 조상(彫像)을 새겼다. 새로운 뿔과 눈들의 이미지는 에녹1서 90:9을 통해 다니엘의 환상에 등장하는 그 당대의 구절과 비교되어야 한다.

> 내가 보니 그 양들에게 뿔이 자라났다. 까마귀들이 그것들의 뿔을 쓰러뜨렸으나, 내가 보니 양들 중 하나에게 큰 뿔이 자라났고, 거

기서 눈들이 열렸다(에녹1서 90:9).

이 구절과 달리 다니엘의 환상에 나오는 뿔은 "작은"(petite)이라는 말로 서술된다. 우리는 셀레오쿠스 왕조의 왕 안티오코스 4세(기원전 175-163)의 집권에 대한 서술을 대하게 되는데, 그는 예루살렘의 성전을 모독하여 다니엘의 화를 불러 일으켰다. "작은"이라는 형용사는 안티오코스 4세의 권력 찬탈이 다니엘에게 일으킨 경멸을 서술한다고 할 수 있을 것이다(단 11:21).

> 또 그의 왕위를 이을 자는 한 비천한 사람이라 나라의 영광을 그에게 주지 아니할 것이나, 그가 평안한 때를 타서 속임수로 그 나라를 얻을 것이며(단 11:21).

세 개의 다른 뿔은 안티오코스 4세가 권력을 잡기 위해 밀어내야 했던 후계자들을 지칭할 것이다. 안티오코스 3세가 죽었을 때, 미래의 안티오코스 4세는 왕위 계승 서열에서 그저 네 번째에 있을 뿐이었다. 그보다 앞선 자리에 형 셀레우코스 4세와 형의 아들인 안티오코스와 데메트리오스가 있었다.

셀레우코스는 왕위를 주장하는 다른 찬탈자에 의해 살해되었고, 데메트리오스는 로마 원로원과의 동맹을 보증하기 위해 로마에 인질로 보내졌으며, 안티오코스는 미래의 군주인 안티오코스 4세에 의해 살해됐다. 그러므로 앞에서 언급된 열 개의 뿔들은 아마도 안티오코스 4세보다 앞선 셀레우코스 왕조의 다른 군주들을 지칭할 것이다. 그래서 가장 괴물스러운, 즉 형언할 수 없는 짐승은 셀레우코스 왕국이다.

유대 민족의 역사는 서력 기원전 2세기 중반에 평화로운 유대인들 가운데 봉기—맛다디아(Mattathias)와 아들들이 일으킨 마카비 혁명(révolte des Maccabées)—가 일어날 정도로 유대인들이 셀레우코스 왕조(Séleucides)에 대해 가졌던 부당한 지배의 정서(sentiment d'emprise)를 증언한다. 더구나 네 짐승의 환상 이후에 이어지는 몇몇 구절에서 저자 집단(le milieu auteur)은 다시 셀레우코스 왕조에 뿔을 할당하고 안티오코스 4세의 유대 민족에 대한 야비한 행위를 지적한다(단 7:23-25).

> **23**모신 자가 이처럼 이르되 넷째 짐승은 곧 땅의 넷째 나라인데 이는 다른 나라들과는 달라서 온 천하를 삼키고 밟아 부서뜨릴 것이며, **24**그 열 뿔은 그 나라에서 일어날 열 왕이요 그 후에 또 하나가 일어나리니 그는 먼저 있던 자들과 다르고 또 세 왕을 복종시킬 것이며, **25**그가 장차 지극히 높으신 이를 말로 대적하며 또 지극히 높으신 이의 성도를 괴롭게 할 것이며 그가 또 때와 법을 고치고자 할 것이며 성도들은 그의 손에 붙인 바 되어 한 때와 두 때와 반 때를 지내리라(단 7:23-25).

네 짐승의 환상은 다니엘 7:9-12에서 다음과 같은 방식으로 끝맺는다.

> **9**내가 보니 왕좌가 놓이고 옛적부터 항상 계신 이가 좌정하셨는데 그의 옷은 희기가 눈 같고 그의 머리털은 깨끗한 양의 털 같고 그의 보좌는 불꽃이요 그의 바퀴는 타오르는 불이며, **10**불이 강처럼 흘러 그의 앞에서 나오며 그를 섬기는 자는 천천이요 그 앞에

서 모셔 선 자는 만만이며 심판을 베푸는데 책들이 펴 놓였더라. **¹¹** 그 때에 내가 작은 뿔이 말하는 큰 목소리로 말미암아 주목하여 보는 사이에 짐승이 죽임을 당하고 그의 시체가 상한 바 되어 타오르는 불에 던져졌으며, **¹²**그 남은 짐승들은 그의 권세를 빼앗겼으나 그 생명은 보존되어 정한 시기가 이르기를 기다리게 되었더라 (단 7:9-12).

이 장면은 하나님의 보좌(왕좌, trône)에 대한 환상에 대해 전하는 유대적 전승에 속한다(왕상 22:19, 사 6장, 겔 1장; 3:22-24; 10:1, 에녹1서 14:18-23; 60:2; 90:20). 여기서 "보좌들"을 말하는 것은 시편 122:5에서 그러듯이 하나님의 보좌와 천상에 있는 그분의 궁정(cour)의 보좌들을 지칭하기 위한 것이다.**¹⁰**

게다가 계시록(요한계시록)에서도 동일한 이미지가 발견된다 (계 20:4). 좌정할 보좌가 있는 재판정(cour de justice)에 대한 언급은 또한 이러한 독해의 취지와 일치한다. 어려운 것은 그 심판이 어디에서 펼쳐질 것인지 아는 일이다.

그 심판은 땅 위에서 펼쳐지는가 아니면 하늘에서 펼쳐지는가? 에녹1서 90:20에 있는 평행구는 심판을 "쾌적한 땅에" 위치하게 한다. 어쨌든, 다니엘에서는 각자의 개인사가 기록된 책들을 펼치게 된다. 그것들은 심판에 필수적인 증거들이다. 저자 집단은 "뿔"이라 언급되는 안티오코스 4세의 심판을 애타게 기다린다. 이런 이야기가 문장으로 말해지지 않는다 하더라도, 우리는 그 심판이 불에 의한 이 셀레우코스 왕가 군주의 죽음을 의미한다. 즉 네 번째 짐승의 소멸을 의미한다. 앞서 나온 세 짐승들, 말하자면 바벨론(바빌로니아)과 메대(메디아)와 바사(페르시아)는 [심판의] 유예를 누리게 된다.

'어떻게 계시에서 재앙으로 옮겨가는가?'

위의 질문에 우리는 최초의 문제의 몇 가지 측면을 밝히기 위해 다니엘에 등장하는 네 짐승에 대한 환상을 분석하는 시간을 가졌다. 이에 따라 요한계시록보다 훨씬 앞선 시기인 기원전 2세기 중엽에 이 계시(apocalypse)라는 용어의 첫 번째 의미, 곧 신적인 계시라는 의미로, 계시라는 문학적 장르를 사용하는 유대교 문헌이 있음을 알게 된다. 신적인 계시와 선언된 파국 사이의 내밀한 연결은 별다른 무리 없이 알아볼 수 있다.

그 시대의 정치적 상황을 비판하기 위해 괴물들의 이미지를 활용한 것은 어떤 이유인가?

아마도 다니엘 집단 저자의 목적은 우선 청자 혹은 독자에게 충격을 주려는 것일지도 모른다. 우리는 괴물들의 이미지가 무(無)에서 만들어진 것이 아니라, 신화적 모티프나 혹은 더 오래된 성경적 모티프를 차용하거나 다시 읽어낸 것임을 알게 됐다. 저자 집단(le milieu rédacteur)은 그들이 발전시키고자 하는 목적의 정당성을 확고히 하기 위해 기존에 동료들 사이에 정립된 종교적 신앙들을 출발점으로 삼는다.

가나안 신화나 혹은 더 광범위하게 고대 근동의 문화에서 끌어온 인유들이 발견되며, 또 이 종교적 모티프들은 새롭고도 정당한 메시지를 전달할 목적으로 해석됐다. 관건은 종교 권력들을 비판하고 무엇보다 심판이 다가옴을 알리는 것이었다. 즉 각각의 왕국이 보인 행위에 근거를 둔 심판이다.

심판하는 신(dieu)은 개별 왕국의 신 또는 신들이 아니라, 천상의 왕궁 가운데 좌정하신 이스라엘의 하나님(Dieu)으로 이는 근동 지역 신화에서 가져온 또 다른 이미지다.

다니엘의 저자 집단은 이런 방식으로 이스라엘 하나님의 위엄 있는 왕국이 섬기는 신들에 대한 우위를 확언한다. 이 집단은 또한 오늘의 승리자들이 심판의 날에는 그저 내일의 패배자들이 될 뿐이라고 고지한다. 왕국들 중 가장 악한 왕국인 셀레우코스 왕국과 이 왕국의 가장 해로운 앞잡이인 안티오코스 4세는 어떤 벌을 받게 됨에 상관없이 멸절될 것이다. 고대의 세계에서 흔히 그렇듯, 정치적인 주장은 종교적인 표현과 분리될 수 없다. 괴물성(monstruosité)은 정치·종교적 측면에서 환상의 기록자들의 강력한 원한의 감정을 보여준다.

우리는 유대교와 초기 기독교의 묵시적 본문(텍스트)들이 그 기록 당시에 당면하게 된 정치적-종교적 문제들을 반영하는 메아리로 이해됨을 받아들인다. 그저 장래에 대한 환영에 그치기보다, 그러한 텍스트들은 오히려 현재의 문제들에 뿌리를 내린 기록인 것이다.

다른 한편으로, 계시들은 독자 혹은 청자를 교육하는 역할을 한다. 그들이 믿음의 차원에 놓일 경우, 저자 집단은 하나님 자신에 의해 짜여지고 그분의 가르침과 권능에 따라 인도된 유대 역사의 이미지를 환상 속에 부여한다. 고대 세계에서 이러한 동물들이 등장하는 환상을 읽거나 듣는 자들은 이스라엘의 하나님의 권능에 관한, 즉 기원전 2세기 중엽에 유대의 정치적 과오들과 완전히 괴리적인 권능에 관한 교훈을 받아들이게 된다.

또한, 이미지의 힘이 겨냥하는 것은 여러 사건들로 인해 의심이 올 때 하나님의 권능과 우위에 대한 믿음에 있어 유대인들을 설득하거나 혹은 확고히 굳히는 것이다. 그래서 이러한 계시 문학의 이면에 있는 진정한 정치·종교적 기획이 드러난다. 끔찍하고 괴물스러우며, 이루 말로 할 수 없는 파국이 제시되는 단 하나의 목적은 오로지 독자들 혹은 청자들에게 가르침을 주는 것이다.

이를 믿는 이들에게 이 것은 단순한 문학적 이미지 이상의 의미를 갖는데, 왜냐하면 이들에게는 이 오래된 종교적 신앙으로부터 기인한 이미지들이 가까운 장래에 이 괴물들이 나타날 가능성을 담보하기 때문이다. 저자 집단에게 있어 중요한 것은 환상을 정당화하는 일이며, 대중(公衆)에게 있어 중요한 것은 역사의 전개에 따른 실제적인 결과다. 따라서 계시들은 정치·종교적인 저의와 무관한 순수한 계시들이 아니다.

다니엘의 환상에서 설명된 예는 다시 한번 신적인 메시지에 대한 계시와 장차 도래할 파국들 사이 긴밀한 연관성을 보여준다. 이 연관의 본성은 환상의 끝부분에서 심판의 순간을 통해 제시된다. 계시들은 장래에 대한 계시를 전하여 독자 혹은 청자를 가르치기 위한 것이며, 이 장래는 곧바로 행복한 것이 될 수 없다. 그에 앞서, 장래는 모든 종류의 파국과 괴물들로 점철된다.

다니엘의 관점에서 볼 때, 심판은 단지 하나님의 권능을 내보이는 것이다. 이 권능을 세상의 권력에 맞세워 드높이려면, 이방 왕국들을 가장 화려한 모습으로, 즉 키메라나 육식하는 괴물들이라는 가장 잔인한 모습의 발현으로 그려낼 필요가 있었다. 따라서 다니엘에 등장하는 동물들의 환상은 임박한 심판을 하나님의 교훈적인 메시지와 고지된 파국들 사이를 오가는 이중적인 연관으로 간주하도록 한다. 우리는 이후에 계시 문학에서 심판에 주어지는 자리로 되돌아가게 된다. 왜냐하면, 심판에도 다른 개념들이 추가되기 때문이다.

3. 하늘로 승천하는 환상의 경험

신적인 계시의 틀로서 제시되는 환상 이외에도, 우리는 신적인 메시지를 전달하는 다른 형태들이 있음을 안다. 그것들 중에 하늘로 승천하는 환상의 경험이 있다. 어떤 한 인물이 땅에서 들려 올려져 천상으로 가는 여행을 한다. 히브리 성경에서 천상으로 가는 여행을 했다고 언급되는 인물은 두 사람이 있다. 관련된 두 인물 중 한 사람은 "야훼(YHWH)의 영이 들어올렸던" 예언자 엘리야(Élie)이고(왕하 2:16), 다른 한 사람은 "하나님이 그를 데려가시므로 세상에 있지 않게" 되었던 조상 에녹(Hénoch)이다(창 5:24).

이 두 사례에서 땅 위에서 살았던 삶의 연한(年限, nombre d'années de vie)이 알려진 다른 예언자나 조상들과 달리 두 사람의 죽음은 알려지지 않는다. 이러한 구절들을 쓴 저자들은 이런 방식으로 죽음에서 해방된 이 두 사람의 예외적인 성격을 분명히 한다.

이 전승은 이후에 하나님 곁에 있게 된 두 사람을 찾는 다른 저작들에게 영감을 주게 될 것이었다. 엘리야는 여러 집단들에게 있어서 메시아 혹은 메시아들(히브리어로는 단수형의 마쉬아흐[mashiah, משיח), 다시 말해 유대 민족을 해방할 구원자의 형상의 임박한 도래를 고지하는 도래할 예언자의 형상이 된다. 조상 에녹은 많은 책의 구성에 영향을 미쳤으며 이로써 그의 천상의 여행은 땅 위에서 앎과 학식에 대한 계시를 전달할 도구로 사용된다.

우리는 에녹1서에 간직된 "파수꾼의 서"(Livre des vigilants)의 일부를 살필 수 있다. 앞에서 이미 인용된 이 부분은 "동물들에 대한 계시"(Apocalypse aux animaux)로 명명된다. 이러한 특정한 유형의 환상은 대체로 첫 번째 하늘에서 일곱 번째 하늘에 이르는 점진적인 상승을 이야기하는 서사적 구성을 나타낸다. 각각의 하늘에는 천상의 성전(temple)이 있다. 이에 따라, 에녹은 에녹1서 14:14-23에서 다음과 같이 말한다.

> 나는 환상 속에서 보았다. ¹⁵거기에는 내 앞으로 열린 다른 문이 있었는데, 앞의 것보다 훨씬 더 큰 집이 있었고, 그것은 모두 불의 혀로 이루어졌다. ¹⁶그 전체가 영광과 광휘와 위엄에 있어 너무나도 뛰어나서, 나는 당신들에게 그 영광과 위엄을 이루 다 말할 수 없을 정도였다. ¹⁷그 바닥은 불로 되어 있었고, 그 윗부분은 번쩍이는 섬광과 유성들로 되었으며, 지붕은 타오르는 불로 되어 있었다. ¹⁸또 내가 보니 높은 보좌가 있는데, 그 외관은 얼음이었으며, 그 바퀴는 햇빛이었으며, 그 (수호자/경계)는 그룹 천사들(chérubins)이었다. ¹⁹보좌의 발치에는 타오르는 불의 강이 흘러, 내가 감히 (보좌를) 처다볼 수 없었다. ²⁰거기에 지대한 영광이 자리하셨는데, 그분의 외투는 해보다 빛나고 눈보다 하얀 것이었다. ²¹어떠한 천사도 그 광휘와 영광으로 인해 그 집에 들어가 그분의 얼굴을 바라볼 수 없었으며, 어떠한 좌석도 그 보좌 앞에 놓일 수 없었다. ²²타오르는 불이 그분을 둘러쌓고, 보좌 주위에 큰 불이 타올랐으며, 어느 누구도 감히 다가가지 못했다. 수 만의 수 만이 그분 앞에 서있었으나, 그분은 어떠한 조언자도 필요치 않으셨고, 그분의 모든 말씀이 하나의 작품이다. ²³그분 곁에 있는 거룩한 파수꾼들(les saints des vigilants)은 밤이나 (낮이나) 그분 곁을 떠나거나 멀리하지 않는다 (에녹1서 14:14-23).

에녹은 여러 하늘들을 여행하여 점차 하나님의 보좌가 놓인 홀로 다가간다. 이 조상은 하나님 자신을 보지는 못하지만, 그분이 있는 장소의 여러 세부 사항을 살핀다. 하나님은 인간의 모습으로 보이지 않으며 "지극한 영광"(gloire suprême)으로 인식되는데, 이 말은 또한 예루살렘에 위치한 땅 위의 성전에서 하나님의 현존을 나타내는 히브리어 단어이다. 어쨌든, 그 영광이 옷자락(manteau)과 얼굴(face)로 묘사되고 있는 점은 주목할 만 한다.

저자 집단은 하나님의 추상적인 이미지(영광)와 구체적인 이미지들(옷자락, 얼굴) 사이를 오락가락 하며 이에 따라 이 환상의 독자들 혹은 청자들은 그 묘사를 이해함에 있어 무엇보다 하나님이 진짜 인간의 형태를 취하지 않음을 알게 된다. 에녹은 되풀이하여 그가 볼 수 없음을 알리지만 … 그럼에도 이(하나님의 이미지)를 묘사한다.

하나님의 이미지를 볼 수 없는 그 불가능성은 오히려 인간의 감각 능력(faculté)이 신적인 실체를 지각하는 데 부적합한 성격을 나타낸다고 볼 수 있다. 이 동기는 출애굽기(le livre de l'Exode)에서도 찾을 수 있다는 점에서 일반적인 것이다.

> 네가 내 얼굴을 보지 못하리니 나를 보고 살 자가 없음이니라 (출 33:20).

서력 기원 이후 첫 몇 세기 동안 제시된 에스겔 해석(타르굼 에스겔[에제키엘] 1:27)은 이러한 견해를 "눈으로 볼 능력이 없으며 바라볼 수조차 없는 영광의 외양"으로 명시하고 있다. 그러므로 하나님은 천상의 왕의 이미지로 보좌에 좌정하고 계신다. 더구나 "높은 보좌"(trône élevé)라는 표현은 이미 이사야에서도 하나님의 왕권을 지칭하는 데 사용됐다(사 6:1). 저자 집단이 신을 인간의 모습으로 묘사하는 이미지를 피하려 했다 하더라도, [대중을] 쉽게 이해시키고자 했다면 이러한 표현에서 빠져나올 수는 없었을 것이다.

모세나 아브라함 또는 예언자들의 하나님과 달리 하나님은 더 이상 땅 위에서 볼 수 없고 오로지 하늘에서만 [그분에게] 다가갈 수 있다. 하나님의 보좌는 이미 에스겔 1장에서 묘사된 바 있고 땅 위로 내려올 수 있었던 데 반해, 묵시서들에서는 더 이상 그렇지 않은 듯 보인다. 하늘의 불은 하나님을 다른 모든 존재와 분리하는 기능을 가지며, 하나님의 접근 불가능한 성격을 나타낸다.

이러한 볼 수 없고 다가갈 수 없지만 그럼에도 현존하시는 하나님에 관한 전승은 고대가 끝날 무렵과 중세의 모든 유대 문헌과 기독교 문헌 그리고 이슬람 문헌에서 경쟁적으로 나타날 것이다. 이는 분명히 계시 문학으로부터 새롭게 도입된 특성들 중 하나다.

그러니까 한 인간으로서 에녹이 이러한 하나님께 그렇게나 가까이 이를 수 있었다는 점은 특히 놀라운 일이다. 에녹이 하늘(들)로부터 그렇게나 멀리까지 그분께 그렇게나 가까이 다가갈 수 있도록 한 것은 오직 하나님의 의지일 것인데, 이 조상을 가로막은 것은 오직 불의 강뿐이기 때문이다. 이는 창세기에 따른 하나님의 에녹을 "데려가심"(prise)에 대한 해석이다(창 5:24). 이러한 신적인 호의는 후대에 에녹1서에서 표현되는데, 여기서 그는 "올바른 사람이자 진실된 서기"(율법학자)로 규정된다(에녹1서 15:1). 이로써 에녹은 하나님의 말씀을 전하는 일종의 대변자(porte-parole)가 된다.

이 텍스트는 천상의 성전을 거쳐 신성한 보좌와 하나님의 현존을 보여주는 환상을 향해 나아가며 진행하는 방식으로 구성된다. 그런 이후에 절정에 대한, 곧 에녹에게 계시된 메시지에서 최고조에 이른 이야기를 듣게 된다. 놀랄 것도 없이, 가장 중요한 메시지의 계시는 에스겔에서 그런 것처럼 성전에 충만한 하나님의 현존에 대한 환상이다(겔 1:26-28). 그래서 우리는 기원전 3세기 말엽부터 조상 에녹으로 인해 많은 문헌이 생겨나게 되었던 이유를 이해하게 된다. 왜냐하면, 그가 하나님의 현존을 목도할 정도로 그분 가까이까지 다가가기 때문이다. 그는 불의 강이라는 장애물에 가로막힐 수밖에 없었지만, 그럼에도 신성한 보좌를 목도한다.

더 앞서 다니엘에 등장하는 하나님의 보좌에 대한 묘사를 살펴보았기에(단 7:9), 우리는 차이가 있음을 알게 된다.

[다니엘에 나타나는] 동물들의 환상에서 보좌와 이를 떠받치는 바퀴들은 불로 된 것처럼 보이지만, 이에 반해 에녹의 계시에서 보좌는 얼음으로 되어 있고 그 바퀴들은 해처럼 빛나는 것처럼 보인다. 불은 오로지 보좌의 발치에 위치한 강에서 흐른다. 이에 관해서는 에녹서에서 보다 정확한 묘사를 하는 것일 수도 있고 혹은 보좌를 표상하기 위해 여러 유대인 집단들에서 유통되던 다양한 이미지들을 포함하게 된 것일 수도 있다.

[여기서는] 두 번째 가설이 가장 그럴듯해 보인다. 에녹이 보좌에 더 가까이 다가갈수록, 불로 이루어진 바닥이나 지붕같이 기이하거나 땅 위에서는 불가능한 것들에 대한 더 많은 묘사가 뒤따른다.

일반적인 필멸자들에게 있어, 불꽃이 타오르는 지붕이란 파괴를 시사할 뿐이지만, 하늘의 성전을 이루는 지붕은 불로 지어지며, 이는 아마도 고대 세계에 살던 대중의 상상력을 사로잡는 데 전혀 부족함이 없었을 것이다. 이 묘사들에는 도처에 역설이 있는데, 예컨대 해의 이미지와 눈의 이미지가 함께 공존하는 부분이 그러하다. 이 묘사들은 대체로 부정문을 통해 이루어진다. 기이한 무언가를 묘사하기는 어렵기에 저자 집단은 부정형 표현들을, 이를테면 있을 수 없는 것에 대한 표현들을 사용한다.

그 문학적인 표현 방식은 심지어 하나님의 실현할 수 없는 성격을 전면에 내세운 다음, 뒤따라서 그러한 성격에 덧붙여지는 영광이나 광휘 또는 위엄 같은 개념들을 제시하는 것이다. 이 묘사에서 중요한 것은 개연성이 아니라, 그로부터 도출되는 인상이다.

우리는 또한 에녹이 [하늘들을 거쳐가는] 이 여정에서 천사에 의해 안내되지 않음을 알게 된다. 천상으로 데려가기에 앞서 에녹의 기도를 빼놓을 수는 없겠지만, 그가 하늘들로 오도록 한 분은 하나님으로 여겨진다(에녹1서 13:7). 후대의 계시 문학은 계시에서 천사들의 역할을 한층 전면에 내세운다. 아마도 기원전 3세기 말엽에 작성된 이 텍스트에서 천사들에게는 천상의 궁정을 이루는 구성원들이라는 전통적인 역할이 맡겨지는 것으로 보인다. 심지어 천사들은 들어갈 수 없고, 하나님에게는 어떠한 조언자도 필요 없다는 점이 명시되기도 한다.

인용된 구절은 '파수꾼의 서'(Livre des vigilants)에 자리한다. 파수꾼들이란 [인간] 여자들과 결합하여 땅 위로 내려온 천사들을 지칭한다. 이 본성에 반하는 연합과 그 귀결인 거인들의 탄생은 땅 위에서 악(惡)의 도입을 일으킨 원인으로 받아들여진다.

파수꾼들은 타락한 천사들이 된다. 용의주도하게 짜여진 구절이 지난 이후에, 하나님은 에녹을 부르신다. 하나님은 에녹을 불러 파수꾼들에게 가서 그들의 과오와 그 귀결을 알리라고 명하신다. 에녹은 그들에게 욕망을 따라 움직이는 인간을 본뜬 그들의 행동을 꾸짖으라는 책무를 떠맡게 된다. 이 [성적인] 욕망은 인간들의 필멸적인 조건의 원인이 된다. 말하자면, 그들이 일정한 시한이 지나면 어김없이 죽어야 하는 아이들을, 즉 육신과 피를 낳기 때문이다. 천사들은 이 법칙에 종속되지 않으며, 따라서 하늘에서 불멸의 상태로 존재한다.

"영들(esprits)과 육신(chair)에서 태어난"(에녹1서 15:8) 거인들은 땅 위에 머무르며, 신성모독의 표시로서 "악한 영들"로 서술된다. 그래서 그들은 인간에 대항하는 땅 위의 악이 된다. 오직 "위대한 심판"만이 그들의 행동을 종결시킬 것이다(에녹1서 16:1). 신성한 보좌의 환상으로 짜여진 구절은 그 자체로 종결이 아니라 머리말이다. 이는 어째서 에녹이라는 한 인간이 신적인 메시지를 파수꾼들에게 전달하고 그 진정성을 보증하게 되는지 밝힌다.

후대의 계시 문학에서는 오로지 하늘의 성전에 계시는 하나님의 모습만으로도 메시지로 받아들여지기에 충분하다. [하지만] 이 발췌문에서 하늘의 보좌에 대한 환상은 신적인 메시지가 아니라, 이스라엘의 하나님이 세계의 창조자이자 인류 역사의 주인임에도 불구하고 땅 위의 악이 현존함을 밝히기 위한 도입부가 된다.

각각의 텍스트가 고유한 문학적 논리에 따르면서 천상의 세계에 대한 묘사에서 세부 내용의 차이를 드러내기는 하지만, 여전히 다니엘에서 동물들의 환상에 대해 구성된 본문(텍스트들)과 하늘들을 지나가는 에녹의 여정에서 본 환상을 이야기하는 서사 사이에는 공통적인 관심사들이 있다. 두 묵시서는 합리적인 독해를 통해서는 이해하기 어려운 이미지들을 사용한다. 이 난해함은 명백히 의도적인 것이며, 독자 혹은 청자에게 비이성적인 이미지들을 통해서가 아니라 인상을 통해 영향을 미칠 것을 목표한다.

그러므로 묵시 문학이 자극하는 것은 바로 상상력이다. 거기에는 중요한 신화적인 텍스트들과 공유하는 어떤 공통적인 기법이 있다. 믿을 수 없고 공포를 유발하는 환상들은 그 자체로 대중의 교화를 목적으로 삼는 것이 아니며, 중요한 것은 오히려 인간들에게 전달된 하나님의 말씀의 정당화이고 또 다른 한편으로 인간들 위에 군림하는 하나님의 권능에 대한 두려움을 유발하는 것이다. 하늘로 승천하는 여정이 있든지 없든지 간에, 환상은 신적인 계시의 전달 양식 이상의 것이 되며, 이에 관해서는 확실하다.

이러한 견지에서 보자면, 하나님은 성경의 역사에서 모세나 조상들을 대면했던 것처럼 인간들에게 직접적으로 찾아오실 수 없다. 그분은 하늘에 계신다. 오직 그분의 선택을 받는 자들만이 그분의 거소에 다가가 그분의 메시지를 받을 수 있다. 따라서 하나님과 인간들 사이에는 어떤 가능한 매개자가 존재한다. 왕이나 사제 또는 예언자들과는 달리 이 매개자는 하늘(들)을 여행하여 그가 본 것 또는 그가 하나님에게 직접적으로 계시 받거나 혹은 천사들을 통해 간접적으로 계시 받은 것을 인간들에게 전해야 한다.

그 환상은 하나님께 다가갈 수 있는 목격자(voyant)의 역능에 기초한다. 검토한 첫 번째 사례인 네 짐승의 환상에서는 다니엘이 침대 위에 누워 자는 동안 꿈 속에서 환상을 보았다는 점이 명시된다. 두 번째 사례에서 제시되는 것은 하늘들을 여행하는 조상 에녹의 환상이다. 더구나 텍스트들은 각각 환상의 진정성을 확인할 수 있도록 하는 무언가를 보존한다. 요한 계시록에 있어, 관건은 하나님으로부터 파트모스섬(밧모섬)의 요한에게 메세지가 전달되는 연결고리가 다니엘에 있어서는 첫 장에서 언급되는 이야기(histoire)가 열쇠를 제공한다.

기원전 6세기에 있었던 바벨론(바빌로니아) 왕 네부카드네자르(느부갓네살)에 의한 일부 유대 엘리트의 강제 이주 이후, 유대 민족에서 좋은 가문 출신인 네 젊은이 다니엘, 하나냐, 미사엘, 아사랴는 선택되어 왕의 궁정에 들어가게 된다. 다니엘은 자신과 동료들에게 왕의 요리와 포도주를 내리는 것을 거부하고 채소와 물만을 먹겠다고 요청한다. 그들의 후견인은 그들이 쇠약해지지 않는 것을 보고 놀란다. 그 이야기로부터 이 젊은이들은 하나님의 호의를 받았다고 추론할 수 있다(단 1:17).

> 하나님이 이 네 소년에게 학문을 주시고 모든 서적을 깨닫게 하시고 지혜를 주셨으니, 다니엘은 또 모든 환상과 꿈을 깨달아 알더라 (단 1:17).

다니엘은 지도자의 역할을 맡게 되었고 꿈과 환상을 설명할 수 있는 특별한 은혜를 상으로 받는다. 그래서 다니엘은 그 분야에서 온전한 정당성을 얻게 된다. 에녹에 관해서 보자면, '파수꾼의 서'에 나오는 환상들은 하나님 자신으로부터 부여된 대변자 역할과 관련된다. 우리가 살펴본 환상에 이어지는 노선들은 이 사명이 엎드려 떨고 있는 이 조상이 간청할 수 있게 하려는 하나님의 의도에 따른 것이다. 하나님은 그에게 자신의 말씀을 전하라고 명하여 "가서 말하라"고 이야기한다(에녹1서 15:2). 따라서 에녹이 하늘의 성전에 있는 하나님 자신으로부터 계시를 받아 간직하는 이상, 그분은 또한 에녹에게 전적인 권위를 갖는다.

4. 계시된 기록

신적인 계시를 인간의 눈으로 보기에 정당하게 할 다른 방식이 있는데, 그것은 기록을 언급하는 것이다. 다니엘에서 한 예가 발견된다. "오직 내가 먼저 진리의 책에 기록된 것으로 네게 보이리라"(단 10:21). 비록 이름이 기록되지는 않았지만 화자는 거의 확실히 가브리엘로 보이는데, 그는 다니엘에게 한 가지 계시를 전한다.

가브리엘은 그 당시에 현존하던 한 전쟁(combat)을 언급하며 "바사(페르시아) 군주와 싸우려니와 내가 나간 후에는 헬라(야완, Yawan)[6]의 군주가 이를 것이라"라고 말한다. 그 환상은 이해하기가 쉽지 않은데, 이는 히브리어로 된 텍스트가 그다지 일관되지 않은 탓이다.

앞서 13절은 천사 가브리엘과 "바사 왕국의 군주"의 대립(전쟁, combat)을 이야기하는데, 여기서 페르시아 왕국의 군주라는 직함은 이 왕국의 수호천사를 가리키는 칭호로 이해할 수 있겠다. 이 천사들의 대립에 이어서 가브리엘은 페르시아 왕의 편으로 자리를 옮긴다고 말한다.

이 대립 이후에, 중요하다고 여겨지는 것은 느부갓네살이 다스리던 바벨론으로 강제 이송 된 유대인들의 해방과 제국 내 지역들에 위치한 예배 장소들의 복원에 호의적인 페르시아 왕 고레스(키루스) 대왕(Cyrus le Grand)의 행동, 즉 기원전 538년에 공포되었던 유명한 고레스의 칙령이다. 천사 가브리엘은 하나님의 대리하여 천사 미카엘(미가엘)의 도움을 받아 페르시아의 군주에게 그러한 호의를 베

---

[6] 야완(יָוָן)은 노아의 세 아들 중 막내인 야벳의 네 번째 아들이다.

풀었다. 그런 다음, 가브리엘은 페르시아 군주의 새로운 천사와 대립한다. 문제가 된 것은 아마도 이후 이어지는 시대에 고레스의 후계자들이 유대인들에게 동일한 너그러움을 가지지 않았던 사안일 것이다.

계시는 무엇보다 그 시대 이후에 오게 될 대립(싸움, combat)에 대한 고지로 이루어지는데, 이는 "야완"(Yawan)의 수호 천사와의 대립이다.

이 [야완이라는] 이름은 헬라어나 라틴어 판의 다니엘 번역에서는 헬라어로 지칭되며, 앞선 여러 성경 구절들에서 잘 알려진 이름이다. 만일 관련된 것이 기원전 4세기에 있었던 유대 지역에 대한 페르시아의 지배권이 그리스로 넘어가는 때라면, 이는 우선적으로 이 시대 이후에 나타나게 될 셀레우코스 왕국에 대한 언급일 것이다.

다니엘의 기록 시기인 기원전 2세기 중반 무렵에 비출 때, 이 환상은 앞으로 있게 될 셀레우코스 왕국의 군왕들에 대한 전쟁을 고지한다 할 것이다. 그래서 계시는 도래할 사건들을 보증할 받침대로 제시된 "진리의 책"(livre de la vérité)을 언급하는 새로운 형태를 취한다. 진리의 책은 다니엘 앞부분에서 잠시 등장하는 심판의 책과 구별되어야 한다(단 7:10). 이 진리의 책은 심판을 염두에 둔 [모든 사람] 각자의 행동이 아니라 역사의 경로를 담는다.

이런 점에서 진리의 책은 에녹서에서 에녹에게 계시되었던 천상의 서판들(tablettes célestes)에 비견할 수 있다(에녹1서 93:2).

정의의 아들들에 관하여, 영원의 선택된 자들에 관하여, 또 진리의 식물에 관하여, 내가 너희들에게 이야기하여 이런 것들을 알게 하였다. 내 아들들아, 나는 에녹 본인이다. 하늘의 환상이 내게 보여졌으며, 파수꾼들과 거룩한 자들(천사들)의 말에 따라 나는 모든 것을 배웠고, 천상의 서판들에서 나는 모든 것을 읽어 알게 되었다 (에녹1서 93:2).

에녹은 하늘의 서판들을 읽을 수 있기에 그것들을 언급한다. 이 하늘의 서판들은 진리의 책과 마찬가지로 아마도 이미 하나님에 의해 기록된 창조 이래 인류의 역사에 대한 재현일 것이다. 20세기 중반 무렵에나 빛을 본 사해 사본들 중 하나에서 발견되는 한 시적인 문구는 "모든 것이 네 앞에 기억의 잉크로 새겨질 것이"라고 말한다(1QHa[감사의 시편], rouleau des Hymnes 9:23-24).
이런 생각은 매우 오래된 것인데, 메소포타미아 세계에서 바벨론 "운명의 서판"(tablettes babyloniennes du destin)으로 발견되기 때문이다. 그 이름이 어떤 것이든, 이 하늘의 서판들 위에서 보게 된 무언가에 대한 계시가 표현하는 것은 결정론적 세계관, 말하자면 곧 하나님이 미리 역사의 경로를 결정하셨고, 인간은 이를 알지 못하며 운명의 흐름을 바꾸지 못한다는 견해이다. 따라서 진리의 책은 이론의 여지 없이 반박할 수 없는 권위를 누린다.
닥쳐올 전쟁에도 불구하고, 천사 가브리엘은 다니엘에게 책의 메세지를 계시하는데 공을 들인다. 의심의 여지 없이 이것은 계시의 진정성을 보장하기 위한 증명이라는 요소에 대한 것이다. 진리에 대한 언급은 여기서 계시의 내용에 바로 앞서서 되풀이할 정도로 중요하다(단 11:2). 기록에 대한 언급은 이 경우에 단지 계시의 전달 양식일 뿐만 아니라, 그 진정성의 증명이기도 하다.
앞에서 인용된 에녹서의 구절(에녹1서 93:2)에서도 역시 동일한 견해가 제시된다. 동일한 맥락에서 앞의 행에 "그 뒤에, 에녹은 이 야기를 시작했는데, 말하기를"이라는 문구가 더해지거나 혹은 에티오피아 판본의 사본에 따를 때 에녹은 "기록들에 따라" 이야기했다. 이 더 후대의 판본은 인용을 통해 따라 나오는 계시를 기록들에, 아마도 이어지는 행에서 진술되는 것들에 고정시킨다.

발췌된 단편은 에녹서에 포함된 계시들 중 하나인 "주들의 계시"(Apocalypse des semaines)에서 온 것이다(에녹1서 93:1-10; 91:11-17). 이 계시는 창조 때부터 당시 세대에 이르기까지 인류의 역사를 요약하는데, 스스로 저자라고 주장하는 사람은 하늘의 서판들로부터 계시를 베꼈다고 말하는 에녹이다(에녹1서 81:1-2).

역사는 10주로 구분된다. 이 계시의 도입부는 역사에서 가장 중요한 부분인 일곱 주에 대한 묘사를 회고한다(에녹1서 93:10). 여기에서 "정의의 아들들," "영원의 선택받은 자들" 그리고 "진리의 식물"에 대한 언급이 해명된다. 일곱 번째 주에 선택받은 자들은 "정의로운" 자들로 명명될 것이다. 그들은 "영원한 정의의 식물"로부터 나오는 "진리의 증인들"로 그려진다. 이 구절의 해석에는 상당한 논쟁이 따르지만, 우리는 이를 이스라엘 민족을 낳은 조상(géniteur), 곧 영원한 식물이 되기 위해 열방(列邦, [여러 민족들]) 가운데 선택받은 조상 아브라함과 비교할 수 있다.

주들의 계시가 기록된 시대, 즉 기원전 2세기에는 아마도 이 선택받은 자들로 새로운 하나님의 민족을 구성하는 것이 관건이었을 것이다. 그러니까 어떤 한 그룹이 이스라엘 민족 가운데 이런 방식으로 규정되기 바랐던 것으로 보인다.

이 그룹이 어떤 그룹인지 확인하기는 어려우며, 우리는 조상 에녹에 관한 전승의 권위를 인정하는 그룹이 있었다고 추정할 수 있을 뿐이다. 이 선택받은 자들은 아마도 여덟 번째 주에 고지된 심판 때에 정의를 실행할 수 있도록 지혜와 앎을 얻게 된다(에녹1서 91:12). 그들은 하나님의 무장한 팔로서, 징벌을 수행하는 집행자로서 불경한 자들을 처단할 책임을 지는 것으로 나타난다.

이 그룹은 선과 악 사이의 구별을 설정하거나 혹은 재설정하고 이에 따라 유대 민족 사회의 개혁을 의도한다. 에녹1서 93:2에 인용된 구절은 이의를 제기할 수 없는 계시의 권위를 확립하고자 한다. 먼저 "나는 바로 에녹이다"라는 표현으로 신적인 계시의 매개자가 명확히 식별된다. 그러므로 기록자 집단은 그런 면에서 그 조상(에녹)의 권위, 즉 대중에게 알려진 권위에 의지한다.

우리는 앞서 하나님의 대변자의 역할을 이야기하는 구절들을 지시했던 바 있다. 저자 집단은 거기서 멈추어 계시의 진정성을 확인할 수 있었다. 하지만 그는 주들의 환상이 하늘의 환상—즉 묵시서들에 등장하는 의사 전달의 다른 양식—에 타락한 천사들과 다른 천사들의 언설—조상(에녹)에 의해 완수된 천상의 여정에 따를 때—에 그리고 하늘의 서판들에 기초함을 명확히 한다.

그러므로 이 구절은 신적인 메시지의 전달을 위한 모든 방식을 조합함으로써, 환상의 진정성을 보장하기 위해서만이 아니라 무엇보다 이어지는 계시의 중요성을 단언한다. 우리는 이 조상에 관한 다양한 저술들을 편집하는 에녹1서 첫 부분 역시 같은 방식으로 이해할 수 있다.

에녹은 "거룩하신 분과 하늘들의 환상"과 파수꾼들 및 다른 거룩한 자들로부터 들은 말들을 그리고 그가 목격했던 된 것에 대한 앎을 얻게 됐다고 전해진다(에녹1서 1:2-3). 앞선 두 구성 요소는 공통적이다. 그러나 이 표현의 마지막 구성 요소에서 하늘의 서판들은 생각할 수 없다. 하지만 에녹1서의 다른 한 구절(에녹1서 103:2)을 통해 에녹이 보아서 얻게 된 인식(앎)이 하늘의 서판들에 쓰여져 있던 것이었음을 알 수 있게 될 것이다.

> 실제로 나는 하늘의 서판들을 읽고, 존재해야만 하는 것의 기록을 보았으며, 그래서 너희들에 관해 서판 위에 쓰여지고 새겨진 것들을 안다.

"보이다"(montrer), "배우다"(apprendre), "읽다"(lire), "이해하다"(알다, comprendre)라는 동사들은 에녹이 어떤 전달의 양식으로든 계시를 정확하게 풀어냈음을 나타냄으로써 배치를 완성한다. 우리의 연구에 있어, 우리는 신적인 계시의 다양한 전달 방식들은 서로 배타적이지 않음을 받아들인다. 오히려 그러한 방식들은 서로 조합되어 계시의 중요성을 나타내는 역할을 할 수도 있다. 우리는 서론에서 강조의 기법에 관해 이야기했다. 환상에 대한 인용(준거)들은, 환상을 통한 승천의 경험이 있든 없든 간에 쓰여진 기록에서 함께 공존할 수 있다.

5. 천사들의 말

바로 앞에서 검토된 구절들은 심지어 천사들과 특히 파수꾼들로부터 들은 말들 또한 계시들에서 전달의 매개로 기능한다. 최근에 사해 동쪽 연안에서 발견된 잉크로 쓰인 석판이 신적인 메시지의 이러한 계시 양상을 예증한다.[7] 비록 부분적으로 지워져 있기는 하지만, 마침내 우리에게 도달한 그 텍스트는 공개되지 않고 있다. 그 텍스트는 천사 가브리엘의 환상을 제시한다. 문서의 첫 부분이 사라져 버렸기에 우리는 기록의 성격을 제시하는 서론적인 표현들을 가지고 있지 않다. 이런 이유로 텍스트의 마지막 부분에 가서야 환상을 부여하는 자의 정체를 읽게 되는 것도 그리 놀라운 일은 아니다.

우리는 히브리어로 된 놀라운 문구를 읽게 된다. "나는 누구인가? 나는 가브리엘(Gabriel), 그분의 천사다"(77행). 이 석판에서는 비슷한 문구가 두 차례 더 반복된다(80행, 83행). 하지만 이 문구는 여기서만 유일하게 나타나는 것은 아닌데, 누가복음(Evangile de Luc)에서 사가랴(자카리아, Zacharie)가 천사에게 그 자신과 그의 늙은 부인 엘리자베스에게 그녀가 아이를 가지게 될 것이라는 이야기를 듣게 되었을 때 그것을 어떻게 알겠느냐고 묻는 바로 그 순간에 헬라어로 쓰인 "나는 가브리엘이다"라는 문구를 발견하기 때문이다(눅 1:19).

천사는 다음과 같이 사가랴의 말을 덧붙인다.

> 이 일이 되는 날까지 네가 말 못하는 자가 되어 능히 말을 못하리니 이는 네가 내 말을 믿지 아니함이거니와 때가 이르면 내 말이 이루어지리라(눅 1:20).

---

[7] 여기서 언급되는 사해 동쪽에서 발견된 석판은 최근에야 공개된 가브리엘 석판(Gabriel Stone)을 지칭한다. 예루살렘의 운명에 관한 계시와 죽은지 사흘만에 부활하게 되는 인물에 관한 이야기를 천사 가브리엘의 1인칭 시점에서 서술하는 것으로 알려졌으며, 학계에서는 돌에 새겨진 사해 문서로 평가되고 있다.

그러니까 다시 한번 계시의 진정성을 확인하기 위한 표현이 관건이 되는 것이다. 누가복음은 천사 가브리엘의 권능을 보여주는 물리적인 표징으로 말할 능력을 잃게 되는 사례를 제시한다. 우리는 마찬가지로 에녹1서 93:2에 나오는 에녹의 말에서도 이에 상당하는 문구를 잃었던 바 있다. 거기서 에녹은 1인칭으로 "나는 에녹 본인이다"라고 말했다. 불행히도 가브리엘 석판(la stèle de Gabriel)의 글귀는 흐릿하지만, 가브리엘이 주는 계시의 진정성을 확인함에 있어서도 동일한 문구를 생각할 수 있다.

"가브리엘의 환상"의 배경과 누가복음의 배경이 매우 다르기는 하지만, 두 문서가 쓰인 시대는 [공히] 기원전 1세기이다. 천사 가브리엘은 이 시대에 나타나지만, 계시의 천사로 등장하는 것은 아마도 기원전 1, 2세기부터일 것이다.

실제로 천사들은 전문화의 형태를 알아차릴 수 있을 정도로 점차 보다 정확해지는 책무를 맡게 되는 것으로 보인다. 서력 전환기에 가브리엘은 신적인 메시지의 계시에 전문화된 천사로 여겨진다. 다니엘에서 가브리엘이 여러 차례 되풀이하여 맡는 역할은 이러한 기능의 증언이다. 천사는 숫염소와 숫양의 환상을 설명해 준다(단 8:15-16).

> **15**나 다니엘이 이 환상을 보고 그 뜻을 알고자 할 때에 사람 같이 보이는 자가 내 앞에 섰고, **16**내가 들은즉 올래 강 두 언덕 사이에서 사람의 목소리가 있어 외쳐 이르되 가브리엘아 이 환상을 이 사람에게 깨닫게 하라 하더니(단 8:15-16).

신적인 메시지를 전하기 위해 환상을 보고 이해하는 능력을 가지고 있음에도 불구하고, 다니엘은 이해하지 못한다. 그런데 그는 사람처럼 보이는 한 인물을 보게 된다. 하늘의 성전 안에 가득한 하나님의 현존에 관한 묘사에서 이 사람과 같은 인물을 식별하기 위한 표현(locution)이 관찰되지만, 그 표현은 사람과의 비교를 통해서만이 그 인물을 명명하게 된다. 에스겔 1:26; 8:2, 9-10, 스가랴 1:8; 2:5 그리고 "동물들의 계시"(Apocalypse aux animaux, 에녹1서 87:2; 90:14, 17, 22)에서 동일한 설명 기법이 확증된다.

다니엘의 구절에 등장하는 사람과 비슷한 인물은 아마도 다른 천사 미카엘(Michel)일 것이다. 이 인물은 천사 가브리엘에게 다니엘을 도와 그 환상을 설명해 주라고 명령한다. 다시 한번, 천사 가브리엘은 다니엘에게 그 환상을 설명해 준다(단 9:21-23).

> [21]곧 내가 기도할 때에 이전에 환상 중에 본 그 사람 가브리엘이 빨리 날아서 저녁 제사를 드릴 때 즈음에 내게 이르더니, [22]내게 가르치며 내게 말하여 이르되 다니엘아 내가 이제 네게 지혜와 총명을 주려고 왔느니라. [23]곧 네가 기도를 시작할 즈음에 말이 나왔으므로 이제 네게 알리러 왔느니라 너는 크게 은총을 입은 자라 그런즉 너는 이 일을 생각하고 그 환상을 깨달을지니라(단 9:21-23).

다니엘의 초청 없이, 천사 가브리엘은 다가와 그의 환상의 의미를 가르친다. 천사는 "말이 나왔다"(la parole est sortie[8])라고 말하며 환상의 성질을 명확히 설명한다. 따라서 하나의 환상이 시각적인 측면과 청각적인 측면을 동시에 가진다. 계시는 다니엘이 기도 가운

---

[8] 개역개정판에서 해당 구절은 '명령이 내렸다'는 말로 번역되어 있다.

데 제기한 질문에 대한 대답이 아니며, 오히려 다니엘이 기도(간구)하는 상태에 있기에 나온 것이다.

이런 이유로 계시는 기도의 내용 자체와는 직접적으로 연결되지 않는다. 이름이 거명되지는 않지만, 천사 가브리엘은 또한 다니엘 10장에서 계시를 전하는 자이기도 하다. 이러한 천사 가브리엘의 (계시에 대한) 전문화는 역사에서 천사의 역할을 명확히 하는 전승이 된다. 쿠란에서(2:21-92), 그의 적이 되는 자는 불경하다고 선언된다. 왜냐하면, 가브리엘이 무함마드의 "가슴"에 계시가 내려오도록 했던 자이기 때문이다.

우리가 에녹1서의 여러 구절에서 본 것처럼, 천사들("거룩한 자들")은 신적인 메시지를 전달하기 위해 말한다. 그런데 천사 가브리엘은 점점 더 이 분야에 전문화되는 듯 보인다. 사해 사본 중에는 "미카엘이 천사들에게 말했던 책의 이야기"라는 제목(4Q529 1:1)으로 보존된 다른 텍스트가 있다. 그 텍스트의 나머지 부분은 어떤 환상을 이야기하는 듯 보인다(1:2-5).

> ²그는 말한다. 거기서 나는 불의 군대를 발견했고[…³ 나는] 아홉 산을 보았는데, 둘은 동쪽에 […] ⁴거기서 나는 천사 가브리엘을 보았다[…] ⁵환상으로서, 나는 그에게 그 환상을 보여주었고, 그는 내게 […] 말해 주었다(1:2-5).

이 사본은 상당히 단편화된 채로 우리에게 이른다. 하지만 우리는 천사 마가엘이 환상을 받게 되었음을 안다. 미카엘은 아마도 자신이 받은 환상을 천사 가브리엘에게 보여주었을 것이다. 그러므로 사본에 따를 때 특히 계시에 관하여 이 천사(가브리엘)가 독점권을 보유하지는 않으며 심지어 천사 미카엘은 다른 천사들에 대한 우월한 지위를 갖기도 한다. 서력 전환기에 천사 미카엘은 싶나에 있어 다른 천사들에 대해 우월한 지위를 누리게 된다.

"불의 군대"(milices de feu)는 에녹2서(Deuxième livre d'Hénoch)에서 에녹이 일곱 번째 하늘에서 완수한 여정을 연상케 한다(에녹2서 20:1). 이 불의 군대란 하나님의 현존에서 가장 가까이에 있는 천사들을 지칭한다.

말하는 사람이 에녹 자신이 아닐 경우에, 천상에서 자신이 누리는 하나님께 가까이 다가갈 권한으로 장차 있게 될 이야기들을 정당화하는 자는 십중팔구 미카엘일 것이다. 만일 그것이 참이라면, 그 조상(에녹)은 하늘의 성전에서 천사 가브리엘을 봤던 것이다. 그러니까 우리는 다니엘과 에녹서들(Livres d'Hénoch)의 전승을 조합한 텍스트를 다루게 된 셈이다. 말하자면, 에녹은 자신에게 바쳐진 문헌에서도 천사 가브리엘이 다니엘을 도왔던 것처럼 에녹 자신을 돕게 됨을 보는 것이다.

물론, 이 단편화된 텍스트에 대한 다른 방식의 독해도 가능하다. 여하튼, 이 텍스트는 아마도 기원전 2세기 중엽과 1세기 중엽 사이에 읽혔을 것이며, 초기 계시 전승들의 교차 텍스트성(transtextualité), 즉 기록자 집단들 간의 계시 전성의 순환을 증언한다. [이 단편에서 환상을] 보는 자는 천사 미카엘이지만, 그는 다니엘에게 있어서 했던 역할에 따라서 자신의 이해를 돕게 되는 천사 가브리엘에게 자신의 환상을 보여준다.

하지만 공백이 있는 사본의 성격상 확실한 독해가 보장되지 않는다. 신적인 메시지는 그것이 어떤 것이든 천사들로부터 직접적으로 전달될 수도 있다. 하나님의 지근거리에 있다는 점은 확실히 신적인 메시지를 전달할 수 있는 그들의 역량을 설명한다.

천사 가브리엘은 점점 더 환상의 해석에 전문화된 권한을 획득하게 된다. 그래서 그는 환상을 보는 자들에게 개입하여 환상을 이해할 수 있도록 돕는다.

6. 문학적 장르로서의 계시(apocalypse)

아포칼립스(계시, 종말, apocalypse)라는 말의 정의는 한 가지 문제를 갖는다. 왜냐하면, 이 말이 헬라어의 '아포칼립시스'라는 말이 서력 1세기에 쓰인 것으로 추정되는 요한계시록(Apocalypse de Jean)이라는 작품에서 유래하기 때문이다. 그런데 우리는 기원전 3세기 말에 (이미) 묵시서들(apocalypses)이 있었음을 알게 됐다.

[여기에는] 어떤 말이 사용되기도 전에 한 문학 장르에 그 용어를 적용하는 위험이 따른다. 그러니까 이 말을 사용하여 신적인 메시지의 계시를 보여주는 글 혹은 구절들의 성격을 규정하게 되는 것은 바로 근대인들인 것이다. 이런 의미에서 계시(아포칼립스)라는 말은 단지 기원전 3세기 말부터 취해진 계시(révélation)라는 문학적 장르를 지칭할 뿐이다.

19세기의 근대적 비평은 요한계시록과의 비교에 기초하여 이 용어의 정의를 확장했다. 이 기록과 (요한 계시록) 공통적인 일련의 지점들이 발견되는 이상, 비교되는 작품 또한 "계시"(apocalypse)라고 명명될 수 있다. 그래서 "아포칼립티크"(묵시적, apocalyptique)라는 형용사가 만들어져 이 묵시서들과 관련된 성격을 가르키게 된다. 마찬가지로 우리 논의의 준거가 되는 작품인 요한계시록은 "아포칼립스"나 "아포칼립티크"라는 용어들의 의미가 파국을 가르키는 방향으로 전개되는 진화의 토대를 제공한다.

우리가 살핀 것처럼, 이러한 차원은 많은 경우에 계시들의 내용에서 읽어낼 수 있었다. 19세기 이후로 이러한 두 가지 이해 사이의 연관은 더 이상 큰 규모의 재앙으로 인지되지 않게 되며, 성경 텍스트와 아무런 관계도 없이 아포칼립스나 이와 관련된 무언가를 지칭하는 아포칼립티크라는 명칭을 얻을 수 있었다.

고대의 텍스트를 다시 검토하면, 계시라는 의미에 따른 아포칼립스의 정의가 명확해짐을 알게 된다. 독일 신학자 게르하르트 폰 라드(Gerhard von Rad)는 그런 측면에서 "혼합적인" 문학 장르로 이야기했다. 그가 염두에 둔 것은 종말의 때와 역사적 시대들에 관한 비밀들을 드러내는 계시다.

실제로 요한계시록은 첫 번째 경우에 속하며 다니엘 7장에 등장하는 네 짐승의 환상이나 혹은 에녹1서 91-93장에 나오는 "주들의 계시"(Apocalypse des semaines)는 두 번째 경우에 적합하다. 그러나 예를 들어, 에녹1서 14-15장의 계시는 두 경우 중 어느 쪽에도 해당하지 않는데, 이는 하나님이 타락한 천사들을 질책하고 땅 위에서 악의 현존을 설명하시기 때문이다.

그러므로 관건은 시간 속에서의 계시만이 아니다. 그것은 [차라리] 역사의 비밀스런 진행에 대한 그리고/또는 천상이나 초자연적 세계의 비밀들에 대한 계시를 조망하는 텍스트에 보다 가까운 듯 보인다.

신적인 계시의 전달 양식은 동시에 이 메시지의 진정성을 보증하는 것이기도 하다. 환상과 하늘로 승천하는 환상적 경험, 기록과 천사들의 말은 구별될 수 있지만, 또한 이러한 전달 양식들을 조합하여 전달된 메시지의 중요성을 이야기하는 가능성이 관찰되기도 했다. 선택된 전달 형식은 그럼에도 중립적이지 않으며 이 형식들은 서로 교환 가능하지 않다.

만일 천상이나 초자연적 세계의 비밀을 드러내는 것이 목적이라면, 차라리 하늘들에서 승천하는 여정이나 또는 천사들의 말을 선택하는 편이 논리적인데, 그 이유는 두 가지 양식이 높은 곳에서 세계를 내려다보는 인식을 상정하기 때문이다. 신적인 메시지의 대상이 인류 역사의 진행 과정에 관련된다면, 환상이나 기록이 보다 적합하다. 관건은 오로지 경향인데, 예외들이 있고 이러한 전달 양식들은 서로 배타적이지 않기 때문이다.

계시는 분명히 신적인 유래를 가지며, 어떤 매개자를 통해 인간들에게 전해진다. 이 매개자는 [보통] 어떤 과거의 인물이 되며, 그의 임무를 수행함에 있어 천상의 존재로부터 도움을 받는다. 이런 방식으로, 유대교 및 기독교 문헌들 중에는 예컨대 아담, 아브라함, 모세, 엘리야, 세드라크(Sedrach), 솔로몬, 이사야, 스바냐(Sophonie), 스가랴(자카리아), 다니엘, 에녹, 에즈라(에스드라스, Esdras), 바룩(Baruch), 요한, 베드로(Pierre), 도마(토마스, Thomas), 바울(Paul), 엘카사이(Elkasaï) 등의 묵시서들이 보존된다.

여러 차례 언급된 것처럼, 계시를 받은 수여자는 계시의 진정성을 보장하기 위한 일련의 문구들을 받는다. 계시에 대한 완전한 이해에 이르기에 앞서, 그는 환상이나 혹은 어떤 기록을 해석한다. 이러한 과제를 수행함에 있어, 그는 천사의 도움을, 특히 이러한 분야에 전문화된 천사 가브리엘의 도움을 받을 수 있다. 어쨌든 [계시를 전하는] 매개자는 에녹1서 14-15장의 계시에서 볼 수 있는 것처럼 천상의 존재로부터의 도움이 필요치 않은 경우도 있다.

[하지만] 우리에게까지 이르는 여러 계시들에 있어서 실제로 이런 경우는 드물다. 우리가 묵시서라는 문학 장르의 기본적인 특징들을 대략적으로 개관하기는 했지만, 이러한 정의는 앞으로 이어지는 장들에서 완성되어야 한다.

왜냐하면, 묵시서는 다른 문학 장르들과 마찬가지로 기원전 3세기에는 고정된 장르가 아니었기 때문이다. 이 장르는 진화하며 다른 한편으로 그 기록에 있어 묵시서들 간의 상호작용을 최소화해야 할 필요가 없다. 에녹1서나 다니엘에서 보조된 가장 오래된 계시들은 후대에 쓰여진 묵시서들의 기록에 영향을 미친다. 예를 들어, 오늘날 석학들 사이에는 다니엘 7장에서 12장까지의 편집이 에녹1서에 나타난 별들에 관한 관점에 반대하고 있는지에 관한 논쟁이 있다.

7. 확산된 사조로서의 묵시론(l'apocalyptique)

19세기 동안, 근대적 비평은 아포칼립스(apocalypse)를 계시로 보는 단순한 어원학적인 분석을 넘어서게 된다. 유대교 및 기독교 텍스트들과 요한계시록의 비교는 여러 공통적인 지점들을 드러낸다. 연구자들은 기록자 집단들의 원래 세계에 대한 환상의 저변에 깔린 많은 생각을 밝혀냈다.

"아포칼립티크"(묵시적, apocalyptique)라는 형용사는 사실상 어떤 이데올로기를 말하기 위한 명사가 됐다. 넓은 의미에서 "묵시적"이라는 형용사는 또한 그 [이데올로기를 표방하는] 운동이나 이와 관련된 공동체들을 규정하는 용도로도 사용된다.

근대적 개념으로서 묵시론(l'apocalyptique)에는 묵시서들을 쓴 묵시적인 저자 집단이 있어야 한다. 그러나 텍스트들로부터 이러한 문헌 저변에 있는 공동체들에 관한 정보를 거의 얻을 수 없는 장애에 부딪힌다.

오늘날의 연구들은 유대교에서 묵시서들이 저자 집단들 외부로 매우 빠르게 유포됐다는 것을 보여준다. 이런 이유로 묵시론적 운동이나 공동체의 관념은 유지될 수 없다. 이런 면에서 기원전 3세기와 1세기 사이로 연대가 추정되는 사해 사본들은 묵시서들을 제시하기는 하지만, 이 사본들을 보유했던 그룹 가운데 묵시서들의 기록을 생각할 수 있게 하는 어떠한 요소도 없다. 명백히 다양한 그룹들이 묵시서들을 작성할 수 있었으며, 이 그룹들이나 다른 그룹들이 이 묵시서들을 사용할 수 있었다. 그러므로 우리는 어떤 단일한 묵시적 운동을 이야기할 수 없다.

이러한 묵시적 운동이나 공동체들을 식별해 내는 데 있어서의 난점으로 인해 묵시론에 대한 정의는 일련의 계시들에 공통으로 나타나는 여러 관념들로 제한된다. 그러나 이러한 텍스트들에는 단 하나의 생산자 집단이 있다고 할 수 없는 이상, 풍부한 미묘한 의미상의 변화를 지닌 다양한 관념들이 존속한다.

이어지는 장들에서 하나님의 메시지에 대한 계시에 더하여 이러한 이상들과 거기서 나타나는 미묘한 의미상의 차이들을 살피게 될 것이다. 하지만 우리는 한층 더 분명하게 [이를 통해] 묵시론이 초자연적 존재들이 있는 다른 세계(천상의 혹은 초자연의 세계)와 죽은 자의 심판이 수반되는 종말의 때를 고찰하는 여러 확신에 대한 사유와 표명으로 정의된다고 받아들일 수 있다. 비록 이러한 정의상의 실험이 이어지기는 하지만, 묵시론은 문학 장르로서 묵시서의 출현에 선행한다.

묵시서와는 달리 묵시론은 계시의 기제나 혹은 계시의 매개가 되는 대리자(agent) 없이도 존재한다. 그래서 우리는 더 이상 묵시서(apocalypse)라는 문학적 장르로만 축약되지 않는 묵시론(l'apocalyptique)의 훨씬 더 넓은 정의를 얻게 된다.

강조한 것처럼, 이러한 확장은 아무 문제도 내놓지 않고서는 이루어지지 않는다. 이 용어의 넓은 의미에 따라 묵시론으로 규정되는 이러저러한 텍스트의 검토는 그 [용어의] 정의를 위한 하나 또는 여러 기준—초자연적 존재들로 채워진 다른 세계나 혹은 죽은 자의 심판이 수반되는 종말의 때—의 부재와 충돌할 수 있다. 그러므로 훨씬 큰 일반성이나 부정확성의 위험을 무릅쓰고 열린 정의를 통해 묵시론의 개념을 구상하는 편이 보다 신중한 태도일 것이다.

그러한 사실로 인해 학자들은 어떤 묵시론의 실존을 거부하게 된다. 그들은 전체적으로든 부분적으로든 앞에서 정의된 것과 같은 묵시서라는 계시라는 문학 장르에만 의지하는 것을 선호한다. 이러한 정의를 되풀이한다면, 역사의 흐름에 관한 비밀들이나 혹은 천상 및 초자연의 세계에 관한 계시가 묵시서라는 장르에만 묶이는 결과를 확인할 수밖에 없다.

예를 들어, 영적 유언(testament spirituel)이라는 문학 장르는 유대교 문헌이나 또 기독교 문헌에서 매우 많은 인기를 얻었다. 그 서사 구조는 임종을 앞두고 아들들을 불러들인 한 성경상의 조상을 보여 준다. 그는 아들들의 성공을 그리고 특히 과오를 살핀다. 조상은 그들의 과오를 지적함으로써 취해야 할 행동에 관한 윤리적, 도덕적인 교훈을 제공한다. 장래를 내다보고 그로부터 비밀들을 드러하는 (계시하는, reveler) 그 조상의 능력은 묵시서라는 장르에 가까운 것이다. 우리는 영적 유언들의 기독교적 모음집인 『열두 조상의 유언들』(les Testaments des Douze Patriarches) 속에 포함된 '레위의 유언'(le Testament de Lévi)을 인용할 수 있을 것이다.

2-5장에서 레위는 "일곱 하늘" 곧 천상의 세계를 그리고 또 심판의 날에 수반하는 재앙들을 보고 이렇게 말한다. "해가 사라지고, 물이 마르며, 불이 꺼진다"(4:1). [여기서 등장하는] 용어나 이상들이 여러 묵시서들의 것과 공통적이며, 또한 "다시 쓰인 성경"(récritures bibliques)이라는 이름으로 잘못 규정된 한 가지 다른 장르의 문헌에서도 때때로 이 세계나 초자연적 세계의 진행에 관한 비밀들의 계시가 제시된다. 예를 들어, 기원전 2세기 중엽에 편집된 『희년서』(le Livre des Jubilés)는 창세기 일부와 출애굽기 일부를 고쳐 쓴다.

23장에서는 아브라함이 죽는데, 저자 집단은 바로 이 계기를 선택하여 인류의 타락과 종말의 때에 관해 긴 이야기를 한다. 이 장과 책 『희년서』 전체는 아마도 한 천사로부터 모세가

계시를 받는다고 가정하는 듯 하다. 그래서 이 작품은 묵시서라는 문학 장르에 귀속될 수 있었다. 묵시적 기록들의 모음은, 그러나 또한 유대교 및 기독교 문헌들 가운데 있는 묵시서들의 모음은 불분명하게 남아있다. 오로지 큰 윤곽들만 그릴 수 있다.

따라서 우리는 그러한 모음을 닫지 않도록 요청한다. 어쨌든, 이러한 열림은 그러한 모음의 존재 부정과 동화될 수 없으며 그 열림은 묵시적 운동이나 공동체는 존재하지 않으며 한 집단에서 다른 집단으로 확산하는 이상들, 곧 펼쳐지거나 혹은 반대로 축소되는 이상들만이 존재함을 보여주는 확실한 표징으로 이해해야 한다.

이로부터 연역될 수 있는 것은 [아포칼립티크, apocalyptique] 형용사의 두 가지 어의에 따른 묵시적인 이상들이 이미 기원전 3세기

말경에 유대 사회 내에 존재하고 있었다는 점이다. 이러한 확산은 이러지는 세기들에도 이어지며 어떤 복합적인 확산이 되는데, 그 이유는 묵시적 이상들 또한 진화하며 텍스들이 서로 상호작용할 수 있기 때문이다.

제2장

하나님 알기: 예언의 연장과 완성

묵시서들은, 보다 폭넓게 볼 때 묵시적 기록들은, 더 오래된 텍스트들에 대한 참조 없이 쓰이지 않는다. 이러한 문헌의 저자 집단들은 일반적으로 묵시적 이상들이나 혹은 묵시서라는 장르에 해당되지 않는 텍스트들에서 [이야기를] 끌어온다.

우리가 본 것처럼, 하나님의 메시지를 얻기 바라는 것은 묵시서라는 문학 장르와 묵시 문학 모두를 떠받치는 기초가 된다. 이러한 바람은 새로운 것이 아니다. 선사시대 이래 심지어 기록의 발명 이전에 인간들은 삶의 의미를 이해하려고 애썼다. 종교적 감정은 이런 방식으로 발생하며 이는 심지어 인류를 동물계와 갈라놓는 요소다.

선사시대의 종교성으로 인해 신들의 세계와 자연의 세계를 접촉시켜야 할 책임을 진 인간이 등장하게 된다. 이런 인간을 우리는 "샤먼"(chaman)이라고 부른다. 마찬가지로 유대교에도 하나님의 뜻에 접근하고자 하는 이러한 확고한 의지가 있다. 시내산(시나이산)

에서 있었던 율법 곧 토라(*Torah*)[1]가 새겨진 석판의 계시는 한 인간으로서 모세와 이스라엘의 신 야훼(YHWH) 사이의 접촉을 나타낸다. 이로써 이스라엘 사람들은 그들이 하나님의 뜻에 따라 살아가고 그 대가로 신적인 호의를 입을 수 있도록 하는 가르침을 받는다.

고대 근동 지역의 왕정 제도 또한 계시에 대한 접근이라는 관점에서 이해될 수 있다. 신에 의해 세워진 왕은 자기 왕국 내에, 나아가 전 세계에―고대 근동 지역에서 현존하던 왕정 이데올로기에 의한 세계―신적인 결정이 확고하게 적용되도록 하는 책임을 진다. 마찬가지로 대제사장도 인간들이 신들에게 바치는 종교 의식을 책임지는 이상 유사한 사명을 지닌다고 할 수 있다.

물론 왕과 대제사장은 계시를 전담하는 대리자는 아니지만, 그들은 신 혹은 신들과의 거의 유기적인 관계를 표상한다. 근동 지역의 문학과 예술은 경쟁적으로 이러한 주제를 발전시켰다. 왕과 대제사장은 일차적으로 신에게서 온 것으로 여겨지는 메시지를 적용할 책임을 진다. 이런 점에서 그들은 신 혹은 신들에 의해 결정된 것으로 인지되는 직무들에 대한 전문화라는 개념에 기여한다. 고대 근동 지역 전체에는 또한 신적인 말씀에 다가갈 접근권을 받았던 남자들과 드물게 여자들이 있었다. 그들은 "예언자들"(prophètes) 또는 "여예언자들"(prophétesses)이라 불린다.

이러한 하나님의 말씀을 전할 수 있는 은사는 신적인 메시지의 또다른 계시 방식으로 인식된다. 이러한 관점에서 묵시 문학은 또한 하나님께 다가갈 길을 찾는 시도이기도 하다. 고대 세계에서는

---

1 토라(תורה)는 모세오경(창세기, 출애굽기, 레위기, 민수기, 신명기)를 지칭하는 말이다.

어느 민족이던 신 없이 있을 수 없음을 고려할 때, 이러한 길은 근본적인 것임을 상기하도록 하자. 즉 그 민족이 그들의 신을 알지 못한다면 민족도 신도 존재할 수 없는 것이다.

1. 예언의 연장

성경의 세계에서 예언자는 어떤 신으로서가 아니라 전령(héraut)으로서 신적인 메시지를 전하는 자로서 간주된다. 이 사자는 하나님의 대변자의 책무를 떠맡는다. 이런 이유로 예언서의 계시는 대개 "야훼가 이렇게 말씀하셨다"라는 문구로 시작하곤 한다. 예언자를 지시하는 히브리어 단어는 수동적 의미를 지닌다. 문자 그대로, "하나님께 부름 받은 자"인 것이다.[2] 우리가 아는 그대로, 전달되는 말은 예언자 본인의 주도에 따른 것이 아니며, 오히려 그의 행동은 하나님에 의해 강제되는 것이다. 이는 묵시론(l'apocalyptique)에서도 마찬가지다.

어떤 매개물을 거치든 하나님과의 소통은 계시의 매개자의 의도로 시작되지 않는다. 환상과 천상의 여정은 명백히 하나님 자신에 의해 결정된 것이다. 에녹이나 엘리야는 하나님에 의해 들려 올라가는 특권을 얻었다. 어떤 텍스트도 에녹이나 엘리야로부터 그렇게 해 달라는 요구가 있었다고 전하지 않는다. 신적인 메시지가 기록

---

2 נביא(나비)라는 히브리어 단어는 하나님의 대변자를 지칭하며 '예언하다'라는 의미의 동사인 נבא(나바)에 י(요드)를 첨가하여 수동형이 된다. 이 말의 의미는 신명기 18:18, "… 내 말을 그 입에 두리니 내가 그에게 명령하는 것을 그가 무리에게 다 말하리라"에서 드러난다고 여겨진다.

되는 문서들은 인간의 작품이 아니다. 천상의 서판들이나 혹은 진리의 책은 인간 세계에 속하지 않는다.

마찬가지로 천사들의 말은 본성적으로 하늘의 궁정에서 봉사하도록 하나님에 의해 창조된 하늘의 피조물들의 활동이다. 예언자는 계시 문학에 등장하는 계시의 중개자로서, 하나님으로부터 유래하는 주도적 의사에 순종한다고 여겨진다.

이러한 하나님의 말씀을 전하는 역할을 하는 매개자의 공통점 이외에도, 묵시서들을 필두로 하는 묵시적 기록들은 예언적 계시의 연장으로 이해될 수 있다. 요한계시록(le livre de l'Apocalypse)에서 "계시"(révélation, 아포칼립시스 *apokalupsis*)라는 용어와 "예언"(prophétie, 프로페테이아 *propheteia*)이라는 용어가 함께 등장하여 그 책의 성격을 설명한다.

> ¹예수 그리스도의 계시(révélation)라.. 이는 하나님이 그에게 주사 반드시 속히 일어날 일들을 그 종들에게 보이시려고 그의 천사를 그 종 요한에게 보내어 알게 하신 것이라. ²요한은 하나님의 말씀과 예수 그리스도의 증거 곧 자기가 본 것을 다 증언하였느니라. ³이 예언(prophétie)의 말씀을 읽는 자와 듣는 자와 그 가운데에 기록한 것을 지키는 자는 복이 있나니 때가 가까움이라(계 1:1-3).

우리는 환상과 말씀과 기록을, 다시 말해 이미지와 소리와 글을 발견한다. 전달 수단의 증가는 신적인 메시지의 완전성이 분명하게 이해하게 되었음을 담보한다. 이 구절에서 예언은 계시와 거의 동의어로 간주되는 듯 보인다. 예언은 오로지 하나님과 예수 그리스도의 말씀에 관련될 뿐이며 신적인 메시지에 보다 국한되는 접근으로 인지된다. 예언은 오직 말씀과 관련될 뿐이며 보게 됨이나 하나님의 기록과는 관련이 없다. 하지만 이 두 용어는 신적인 메시지의 계시를 고지한다. 이 둘을 구별하는 것은 한층 더 의사 전달의 양식으로 계시를 고수한다.

여하튼 묵시서라는 문학 장르와 예언서라는 문학 장르 사이의 구별은 용이하지 않다. 여기에 다니엘 2장의 구절들을 인용한다.

> [1]바사[페르시아] 왕 고레스[키루스] 제삼년에 한 일이 벨드사살이라 이름한 다니엘에게 나타났는데, 그 일이 참되니 곧 큰 재앙(calamité)에 관한 것이라. 다니엘이 그 일을 분명히 알았고 그 환상을 깨달으니라(단 2:1).
>
> [5]그 때에 내가 눈을 들어 바라본즉 한 사람이 세마포(lin) 옷을 입었고 허리에는 우바스 순금 띠를 띠었더라. [6]또 그의 몸은 황옥 같고 그의 얼굴은 번갯빛 같고 그의 눈은 횃불 같고 그의 팔과 발은 빛난 놋과 같고 그의 말소리는 무리의 소리와 같더라(단 2:5).
>
> (그가 다니엘에게 말한다).
>
> [13]바사 왕국의 군주가 이십일 일 동안 나를 막았으나, 가장 높은 군주 중 하나인 미가엘이 와서 나를 도와주었고, 내가 거기서 바사 왕국의 왕들과 함께 머물러 있었더라. [14]이제 내가 마지막 날에 네 백성이 당할 일을 네게 깨닫게 하러 왔노라 이는 이 환상이 오랜 후의 일임이라 하더라. [15]그가 이런 말로 내게 이를 때에 내가 곧 얼굴을 땅에 향하고 말문이 막혔더니, [16]인자人子(fils de l'homme)와 같은 이가 있어 내 입술을 만진지라, 내가 곧 입을 열어 내 앞에 서 있는 자에게 말하여 이르되, 내 주여 이 환상으로 말미암아 근심이 내게 더하므로 내가 힘이 없어졌나이다. [17]내 몸에 힘이 없어졌고

호흡이 남지 아니하였사오니 내 주의 이 종이 어찌 능히 내 주와 더불어 말씀할 수 있으리이까 하니, [18]또 사람의 모양 같은 것 하나가 나를 만지며 강건하게 하여, [19]이르되 크게 사랑받는 사람이여, 두려워하지 말라, 평안이 너와 함께 있다! 담대하라(Courage)! 담대하라! 그가 이같이 내게 말하매, 내가 곧 힘이 나서 이르되 내 주께서 나를 강건하게(fortifié) 하셨사오니 말씀하옵소서. [20]그가 이르되 내가 어찌하여 네게 왔는지 네가 아느냐, 이제 내가 돌아가서 바사 군주와 싸우려니와 내가 나간 후에는 야완[헬라]의 군주가 이를 것이라. [21]오직 내가 먼저 진리의 책에 기록된 것으로 네게 보이리라. 나를 도와서 그들을 대항할 자는 너희의 군주 미가엘뿐이니라 (단 2:13-21).

이 구절들에서 말씀과 환상의 조합은 명확히 드러난다. 그러한 조합은 계시의 권위를 강화하며 예언자의 사명에 관련된 여러 이미지들에서 그러한 힘을 끌어낸다. 16-18절에서 천사로 보이는 인물이 다니엘의 입술을 만지며, 이때 그는 입을 열어 말하기 시작한다. 그 말의 어떤 의미로 보더라도 신적인 메시지를 전달하기 위해 입술을 만지는 행위는 예언서인 이사야(사 6:7)와 예레미야(렘 1:9)에서 이미 읽을 수 있다.

구체적인 행위를 통해 천사는 예언자와 [여기서는] 다니엘과의 물리적인 유대를 형성한다. 하나님의 말씀을 전하는 대변자에게 힘을 북돋우기 위해 (입술을) 만지는 행위는 묵시 문학에서 반복되지만(에녹1서 60:4; 에스라4서 5:15; 계 1:17), 그 기원은 예언 문학에서 발견된다.

예언 문학의 주요 모티프들이 반복될 뿐 아니라, 예언서와 묵시서의 내용 또한 서로 밀접하게 관련되어 있기도 하다. 다니엘 10장은 에스겔의 구절들을 되풀이하는 것처럼 보인다. 세마포(lin) 옷을 입은 사람은 이미 예언자 에스겔에게 결부된 문헌에도 나타나는 초자연적인 인물이다. 세마포는 전통적으로 의식을 거행할 때 입는 제사장의 의복을 지시한다(레 6:10; 16:4; 겔 44:17). 에스겔에서 세마포로 된 의복은 천사로 보이는 인물에게 부여되는데 – "세마포 옷을 입은 사람"(겔 9:2-3, 11; 10:2, 6-7), 다니엘에서도 그 인물은 같은 방식으로 불린다.

앞에서 밝혀진 것처럼, 또한 관련된 천사는 아마도 가브리엘이겠지만, 이 구절에서 그 천사의 정체는 명확히 특정되지 않는다. 그 인물은 다른 묵시적 기록들에서도 다시 등장하는 듯 보인다.

따라서 요한계시록의 한 구절에는 그리스도에 대한 한 가지 환상—"인자 같은 이가 발에 끌리는 옷을 입고 가슴에 금띠를 띠고"(계 1:13)—이 포함되어 있다. 긴 가운을 지칭하는 헬라어 용어(포데레스, *podērēs*)는 에스겔 9:2의 헬라어 번역에서 "세마포"라는 용어에 해당한다. 요한계시록이 에스겔이나 다니엘에 등장하는 인물과 동일한 인물을 묘사하고 있을 가능성도 있다. 또한, 다니엘에서의 인물 묘사는 에스겔 1장의 이미지들을 되풀이한다.

"귀감람석"(chrysolite)[3]은 에스겔 1:16에서 신성한 보좌가 놓인 수레를 떠받치는 바퀴를 이루는 재료이며, 번쩍임(brillance)과 번개(éclair)는 에스겔 1:13에서 "번쩍이는 빛"과 불에서 나오는 섬광을 상기시키며, "불꽃"(flammes)은 같은 구절에서 동물들 가운데 나타

---

[3] 개역개정판에는 '황옥'으로 번역됨. 귀감람석은 녹색이나 녹색이 도는 노란색의 투명 내지 반투명의 준보석이다.

나며, 청동은 에스겔 1:7에서 네 동물의 발을 이루고 있는 재료이며, "무리"(multitude)[4]의 큰 소리—이사야 17:12에서 천사 형상이 내는 귀가 멍해질 정도로 큰 소리를 말하는 데 사용되는 것과 같이 열방(列邦, multitude de nations)의 소리로 이해되는—는 에스겔 1:24에서 동물들의 날개가 내는 소음과 비견될 수 있다.

이 공통점들로 인해 우리는 세마포 옷을 입은 사람에 대한 묘사가 명확히 에스겔 1장에서 신성한 보좌에 대한 묘사에서 영향을 받았다고 말할 수 있게 된다. 예언적 텍스트의 사용이 분명히 하려는 것은 이 사람이 하나가 아니며, 하나님의 측근에 있는 천상의 존재와 관련된다는 점이다. 예언서의 묘사와 묵시적 기록의 묘사를 구분하기는 분명 쉽지않다. 왜냐하면, 예언서 역시 천상의 세계를 묘사하려는 경향이 있기 때문이다. 따라서 예언서라는 장르와 묵시서라는 장르 사이의 경계는 때로 선명히 드러내기 힘들다.

계시의 초자연적 성격은 예언적 기록과 묵시적 기록 사이의 또 한 가지 공통점이다. 이를 확인하기 위해 우리는 천사와 함께 하늘로 날아가서 마지막 날에 예상되는 새 예루살렘 도성, 즉 성전이 죄에서 정화된 예루살렘을 보게 되는 여행에 관한 에스겔의 서사를 살펴볼 수 있다(겔 40:1-7).

[1]우리가 사로잡힌 지 스물다섯째 해, 성이 함락된 후 열넷째 해 첫째 달 열째 날에 곧 그 날에 여호와의 권능이 내게 임하여 나를 데리고 이스라엘 땅으로 가시되, [2]신적인 환상 중에 나를 데리고 이스라엘 땅에 이르러 나를 매우 높은 산 위에 내려놓으시는데 거기

---

4 개역개정판에는 '군대'로 번역됨.

에서 남으로 향하여 성읍 형상 같은 것이 있더라. ³나를 데리시고 거기에 이르시니 모양이 놋 같이 빛난 사람 하나가 손에 삼줄과 측량하는 장대를 가지고 문에 서 있더니, ⁴그 사람이 내게 이르되 인자야 내가 네게 보이는 그것을 눈으로 보고 귀로 들으며 네 마음으로 생각할지어다 내가 이것을 네게 보이려고 이리로 데리고 왔나니 너는 본 것을 다 이스라엘 족속에게 전할지어다 하더라. ⁵내가 본즉 집 바깥 사방으로 담이 있더라 그 사람의 손에 측량하는 장대를 잡았는데 그 길이가 팔꿈치에서 손가락에 이르고 한 손바닥 너비가 더한 자로 여섯 척이라 그 담을 측량하니 두께가 한 장대요 높이도 한 장대며, ⁶그가 동쪽을 향한 문에 이르러 층계에 올라 그 문의 통로를 측량하니 길이가 한 장대요 그 문 안쪽 통로의 길이도 한 장대며, ⁷그 문간에 문지기 방들이 있는데 각기 길이가 한 장대요 너비가 한 장대요 각방 사이 벽이 다섯 척이며 안쪽 문 통로의 길이가 한 장대요 그 앞에 현관이 있고 그 앞에 안 문이 있(더라) (겔 40:1-7).

예언자 에스겔은 기원전 6세기에 유대 민족 엘리트의 일부를 바벨론(바빌로니아) 지역으로 옮겨놓은 강제 이주 이후에 어떤 한 산 위로 옮겨간다. 이러한 이야기 첫 부분은 이미 에스겔 8-11장에서 사용된 황홀경의 언어를 연상케 한다. 예언자는 자신의 황홀경에 이른 상태로 인해 그러한 환상을 얻게 되는데 [여기서 나오는] 하나님의 손의 이미지는 에스겔에서 빈번히 등장한다. 그러한 손의 이미지는 에스겔 37:1에서도 예언자를 옮겨놓는 데 사용된다.

또 예언자는 에스겔 1:7과 8:2에 따를 때 인간이 아니라 천사와 관련됨이 분명한 청동의 외관을 가진 한 사람을 본다. 이 사람은 예언자에게 그의 환상을 모든 이스라엘 사람에게 전하라고 요구한다. 계시들 가운데 위치한 환상들은 매우 유사한 서사 구조를 활용한다. 계시 문학에서 에녹이나 여타의 성경적 인물들과 같은 예언자는 천사와 함께 여행한다. 그 여정의 초자연적 성격은 이러한 환상에 대한 서사들에서 공통적으로 나타나며, 이 서사들은 예언서의 구절들이나 묵시서의 구절들이다.

그런데 에스겔이 완수한 여정은 다르다. 그는 하늘들을 가로질러 이동하지 않으며 여전히 땅 위에 있다. 그는 "매우 높은 산" 위에 놓여 새로운 예루살렘 성전의 치수들을 살핀다. 이 "산"은 모리아산(mont Moriah)에, 곧 예루살렘 성전이 서 있는 언덕에 상당한다고 볼 수 있다. 왜냐하면, 이 언덕이 예루살렘이 위치한 장소에서 가장 높은 곳들 가운데 있기 때문이다. 또한, 모리아산 위에 내려 성소의 크기를 잰다는 것은 논리적이라 여겨진다. 서사들의 초자연적 차원은 일반적으로 예언 문학보다는 계시 문학에서 펼쳐지지만 에스겔에서 보여지는 것처럼 여기에는 예언들이 결여되지 않는다.

예레미야에서 가져온 다른 한 예언적 구절(렘 23:16-18)은 예언자들이 하늘들과 유지하는 관계에 보다 중심을 두고 이야기한다.

> [16]만군의 여호와께서 이와 같이 말씀하시되 너희에게 예언하는 선지자들[예언자들]의 말을 듣지 말라 그들은 너희에게 헛된 것을 가르치나니 그들이 말한 묵시는 자기 마음으로 말미암은 것이요 여호와의 입에서 나온 것이 아니니라. [17]항상 그들이 나를 멸시하는 자에게 이르기를 너희가 평안하리라 여호와의 말씀이니라 하며 또 자기 마음이 완악한 대로 행하는 모든 사람에게 이르기를 재앙이 너희에게 임하지 아니하리라 하였느니라. [18]누가 여호와의 회의에

참여하여 그 말을 알아들었으며 누가 귀를 기울여 그 말을 들었느냐?(렘 23:16-18)

이 본문은 가짜 예언자들을 조롱한다. 하나님의 대변자가 아니라, 그저 신의 말씀이라는 허울을 씌워 자기 자신의 생각을 말할 뿐인 자들 말이다. 이러한 질책을 계기로, 이 구절을 기록한 저자 집단은 예언의 진정성을 하나님의 조언자로서 예언자의 역할과 연결한다. 그러니까, 예언자는 단순한 대변자를 넘어서는, 다시 말해 신적인 말씀으로 영감된 단순한 육신을 넘어서는 자이다.

또한, 하나님의 조언자로서 신적인 메시지를 보고 듣는다. 성경에서 하나님의 조언자라는 이미지는 하나님의 주위를 오가는 천상의 존재들의 이미지와 거의 유사하다. 예레미야서의 편집자들은 예언자들에게도 이러한 자리를 내어주는 데 동의한다. 이 집단은 이런 방식으로 천사의 말과 예언자의 말을 동등하게 취급한다. 두 가지 유형의 말은 하나님과 가까운 곳에서 나온다. 따라서 예언자들은 하늘을 여행하지 않지만, 어쨌든 하나님의 조언자의 자리에 앉는다.

다시 한번, 예언적 견해와 묵시적 견해 사이의 경계는 흐릿해진다. (예를 들자면) 신약성경 가운데 보존된 유다서(l'épître de Jude)에서 에녹1서의 한 구절을 인용하여 에녹이 "예언"을 전하는 것을 읽게 되거나(유 1:14-15) 혹은 에스라4서에서 에스라가 "예언자"라고 말하는 것을 읽게 될 정도로 말이다(에스라4서 12:42). 또한, 서력 전환기에 몇몇 유대인 집단들이 다니엘(서)에서 다니엘을 예언자로 인식하거나(70인역, 4Q174, 플라비우스 요세푸스, 마 24:15) 혹은 시편에서 다윗을 예언자로 인식한다는 점에 유의해야 한다.

이러한 인물들의 특성과 분파들의 다양성 이면에는 서력 전환기에 예언자에 대한 불분명한 정의가 어쨌든 유대인 집단들에 따라 다소간 정확한 정의가 있다고 추측할 수 있다. 계시가 하나님으로부터 주어진다는 생각에 따라, 아마도 여러 유대인 집단이 서력 전환기에 예언자나 예언서라는 호칭을 확장했을 것이다. 따라서 예언과 묵시론 사이에 견고한 경계를 발견할 수 없다.

묵시적 텍스트들은 또한 천사와 악마 같은 천상의 존재들에 보다 관심을 가진다. 이러한 존재들은 예언적 텍스트들에도 나타나기는 하지만, 그들의 역할은 묵시적 기록들에서 만큼 명확히 규정되어 있지 않다. 예컨대 호세아에서는 불길한 존재들의 탄생을 볼 수 있다(호 9:7-9).

> **7**형벌의 날이 이르렀고, 보응의 날이 온 것을 이스라엘이 알지라! 선지자[예언자]가 어리석고, 신에 감동하는 자가 미쳤나니, 이는 네 죄악이 많고 네 적의(hostilité)[5]가 큼이니라. **8**에브라임은 나의 하나님과 함께 한 파수꾼이며, 선지자는 모든 길에 친 새 잡는 자의 그물과 같고, 그의 하나님의 전에는 적의가 있도다. **9**그들은 기브아의 시대와 같이 심히 부패한지라. 여호와께서 그 악을 기억하시고 그 죄를 벌하시리라(호 9:7-9).

예언자 호세아는 하나님의 형벌이 이스라엘 사람들 위에 떨어질 것이다, 왜냐하면, 그들이 죄를 지었기 때문이라고 예언한다. 그들은 눈에 띄게 "적의"를 드러내는데, 이 용어가 두 차례나 반복하여

---

[5] 개역개정판에는 '원한'으로 번역됨.

언급될 정도이다. 이 용어는 비록 이스라엘 사람들의 태도를 묘사하는 보통명사이기는 하지만, 후대의 문헌에서는 고유 명사로 사용된다. "적의"(hostilité)라는 보통 명사가 "적의"(Hostilité) 혹은 히브리어 단어의 발음을 지켜서 말하자면 "마스테마"(Mastemah, משטמה)라는 천상의 존재에 붙여진 이름이 되는 것이다. 예를 들어, 희년서에서 마스테마라는 악마가 하나님을 설득하여 조상 아브라함의 충실성(fidélité)을 시험하도록 하는 데 성공한다(희년서 17:15-16).

> **15** 이 50년의 일곱 번째 연주(年週), 첫 번째 해, 첫 번째 달 12일에, 하늘에는 아브라함에 관한 소문이 있었는데, 그가 주님(Seigneur)이 명령하신 모든 것에 충성하며, 모든 시련에도 불구하고 주님 사랑하기가 한결같다는 [이야기였다]. **16** 마스테마라는 군주가 와서 하나님 앞에 아뢰기를, "좋습니다! 아브라함은 자기 아들 이삭을 사랑하며, 다른 무엇보다 아낍니다. 그에게 아들을 제단 위에 번제로 바치게 하시고, 이 명령을 실행하는지 살펴보시면, 당신이 준 모든 시련에도 그가 충성하는지 알 수 있을 것입니다" 하였다(희년서 17:15-16).

이 구절들은 이삭의 희생을 이야기하는 잘 알려진 에피소드를 소개한다. 모든 사람이 아들 이삭을 희생하려 하는 아브라함의 팔이 하나님에 의해 멈춰진다는 것을 알고 있다. 희년서는 창세기와 출애굽기의 구절들을 선택하여 다시 편집한다.

"군주 마스테마"의 역할에 대해 읽게 되는 것은 놀라운 일이지만, 창세기 22장에서는 이와 달리 이삭을 희생시키라는 요구의 주도권은 오로지 하나님에게만 주어진다. 악마(démon)의 개입은 히브리 성경의 다른 본문, 아마도 욥기에서 영향을 받은 것으로 여겨진다(욥 1:9-11).

> ⁹사탄이 여호와께 대답하여 이르되 욥이 어찌 까닭 없이 하나님을 경외하리이까? ¹⁰주께서 그와 그의 집과 그의 모든 소유물을 울타리로 두르심 때문이 아니니이까? 주께서 그의 손으로 하는 바를 복되게 하사 그의 소유물이 땅에 넘치게 하셨음이니이다. ¹¹이제 주의 손을 펴서 그의 모든 소유물을 치소서. 그리하시면 틀림없이 주를 향하여 욕하지 않겠나이까(욥 1:9-11).

두 본문의 주제는 동일하다고 여겨지며, 여기서는 욥의 충실성이 아니라 아브라함의 충실성을 시험한다는 것만이 다를 뿐이다. 사해 사본은 자신의 관점에서 창세기 22장과 희년서 17장의 동일한 구절을 다시 쓴다(4Q225 2 II 13-14).

> ¹³그리고 군주 마스테마는 (…) (그들과 거룩함의 천사들 때문에) 묶여있었다. ¹⁴군주 마스테마. 벨리알은 (그 군주에게) 복종한다 (여기서 그가 그들에게 명령하기를…)(4Q225 2 II 13-14).

텍스트가 단편화되어 있기는 하지만, 무산된 이삭의 희생 이후에 다른 악마가 등장하는 것을 알 수 있으며, 이 악마의 이름은 벨리알(Bélial)이다. 우리는 마스테마가 아브라함의 충실성을 문제시했다가 실패하여 묶인 것인지 그리고 그 이후에 악의 횃불을 벨리알에게 넘긴 것인지 자문할 수 있다.

이 구절의 행들 다음에 위치한 다른 단편은 성서상의 다른 에피소드인 이집트 탈출(출애굽, la sortie d'Égypte)에서 나타나는 벨리알

행동을 전한다. 두 악마는 기원전 마지막 수 세기 동안 기록된 다른 유대교 텍스트들에도 등장한다. 몇몇 텍스트에서는 마지막에 인용한 텍스트에서 그런 것처럼 두 악마가 분명하게 구별되지만, 다른 기록들에서 이 두 명칭은 하나이자 같은 악마를 부르는 데 사용되는 동의어로 여겨진다.

어찌되었건, 우리가 보게 되는 것은 어떤 한 예언에서 발견되는 단순한 보통 명사를 통해 성경의 이야기에서 나타나는 어떤 악한 존재를 상정하는 전개다.

예언 문학과 달리 묵시 문학은 점점 더 천상의 존재들에 관한 사변을 발전시킨다. 천사들과 악마들은 이 문헌들에서 점점 더 명확해지는 이름과 역할을 획득하게 되며, 이에 따라 서력 전환기 이후에 쓰인 에녹3서(le Troisième livre d'Hénoch)의 경우, 그 전체가 이 주제에 바쳐지기도 할 정도였다. 그래서 천사들은 하나님의 지배 아래 놓인 위계 질서 내에 편입된다. 악마들—차례차례 개별적으로 환원되거나 혹은 긴 이름의 목록으로 확장되는—은 전반적으로 신적인 계획의 격렬한 비판자로 제시되지만 실상은 그렇지 않다.

악마들의 활동은 때로 죄인들을 처벌하기 위해 신적인 계획 안에 자리하게 된다. 하지만 그들은 결코 하나님의 심복(*alter ego*)으로 인식되지 않는다. 묵시적 텍스트들은 또한 마지막 심판의 날 이후에 악마들의 소멸을 단언한다. 천사들과 악마들에 관한 검토의 발달은 묵시론에 특수하게 나타나는 특징이며, 예언적 기록들과 공통되는 부분이 없는 특징이다.

2. 역사관의 확장

묵시 문학은 또한 예언 문학에 내포된 역사관(la vision de l'histoire)을 확장시킨다. 예언자들은 하나님이 결정적인 때에 개입하셔서 인간들을 심판할 것이라는 믿음을 발전시킨다. 예를 들어, 예언자 아모스는 이 때를 자세히 검토한다(암 5:18).

> 화 있을진저 여호와의 날을 바라는 자여! 너희가 어찌하여 여호와의 날을 기대하느냐? 그 날은 어둠이요 빛이 아니라(암 5:18).

다시 한번, 이스라엘 사람들은 악하게 행동을 했고, 하나님의 가르침을 준수하지 않았다. 예언자는 이를 한탄하며 살고 싶다면 선을 행하고 악을 미워하라고 권면한다. 18절은 또한 "여호와(야훼)의 날"을 기다리는 자들에게, 다시 말해 하나님이 각자의 행위에 따라 모든 사람을 심판하게 될 그때를 기다리는 자들에게 경고한다. 아모스는 그들이 즉시 태도를 바꾸어 하나님이 도래하시는 순간을 기다리지 말아야 함을 알리려 한다.

실제로 성경의 역사는 그의 민족의 역사 안에서 펼쳐진 하나님의 역사를 풍부하게 담고 있다. 이 구절들이 기록된 시대에도, 사람들은 역사 속에 오시는 하나님의 새로운 현현을 오매불망 기다리고 있었을지도 모른다.

이 절은 어느 시대로 위치시켜야 할 것인가?

아모스의 문헌적 역사는 복잡하다. 첫 번째 기록 연대는 기원전 8세기 후반부로 추정되는데 이 시대에 팔레스타인은 북쪽의 이스라엘 왕국과 남쪽의 유다 왕국이라는 두 왕국으로 분단되어 있었다.

이스라엘 왕국은 북쪽에 위치한 인접 국가 앗수르(앗시리아, Assyrie)의 팽창 시도에 시달리고 있었다. 이 둘 사이의 충돌은 기원전 722년에 이스라엘의 패배와 왕국의 붕괴로 마무리된다. 북왕국의 주민들은 그래서 앗수르 세계 속으로 흩어져 버리고, 그 자리에는 이방인들이 정착하게 됐다.

그런 후에, 아모스는 텍스트가 다시 수정되었던 예루살렘으로 옮겨진 것으로 보인다. 텍스트는 기원전 6세기 이후 바벨론으로 강제 이주 되었던 사람들의 유대 지역으로 복귀했을 때 다시 한번 변경되게 된다. [그래서] 18절을 발췌해 온 이스라엘 사람들에 대해 한탄하는 부분에 연대를 부여하는 것은 까다로운 일로 남아있다. 수정 편집이 이루어진 시기마다, 정치·종교적 상황은 불안정했으며, 이런 이유로 이 구절에서 말하는 정확한 위기의 때를 확인하는 작업은 어렵다.

어쨌든 18절에서 진술되는 이 기다림은 아마도 야훼에게 충성하는 자들에게 의심의 시기를 나타낸다는 점은 분명하다. 우리는 야훼가 그들을 위해 역사 속에 모습을 드러내는 새로운 현현에 대한 갈망을 짐작할 수 있다.

실제로 고대 세계에서 어떤 신은 권능을 통해 실존하는데, 이는 그 신을 숭배하는 민족을 위해 쓰일 수 있는 권능이다. 신은 그를 섬기는 민족에 부여하는 군사적인 승리를 통해 권능을 지녔다고 인정받게 된다. 신은 이런 방식으로 그를 섬기는 민족의 역사에 모습을 드러낸다. 불확실한 시대에 봉착하게 된 어려움의 시기는 당연히 이스라엘 사람들에게 그들의 하나님의 권능에 관한 의문을 가지도록 한다. 가장 비관적인 자들은 하나님이 그들을 버렸다고 생각했고, 가장 낙관적인 자들은 역사의 무대로 다시 복귀할 하나님을 기다렸다. 아모스의 해당 절은 후자의 전망에 보다 더 일치한다.

인용된 절은 하나님이 이스라엘 사람들을 심판하시게 될 "야훼의 날"에 대한 기다림을 보여준다. 이 결정적인 때의 기다림은 묵시적 기록들이 말하는 마지막 날에 있을 심판의 기다림과 혼동될 수 없다. 예언 문학에서 이러한 순간은 결코 마지막 날에 놓일 수 없다. 예언서의 뒷부분에서 아모스는 그 [기다림의] 날에 관해 하나님이 그에게 무엇을 밝히셨는지 덧붙인다(암 8:1-3).

> ¹주 여호와께서 내게 이 환상을 보이셨더니, 거기 여름 과일 한 광주리가 있었더라. ²그가 말씀하시되, 아모스야 네가 무엇을 보느냐? 내가 이르되 여름 과일 한 광주리니이다 하매, 여호와께서 내게 이르시되, 내 백성 이스라엘의 끝이 이르렀은즉 내가 다시는 그를 용서하지 아니하리니, ³그 날에 궁전의 노래가 애곡으로 변할 것이며, 곳곳에 시체가 많아서 사람이 잠잠히 그 시체들을 내어버리리라. 주 여호와의 말씀이니라(암 8:1-3).

과일 광주리를 보는 연습으로 아모스의 역량을 확인한 이후에, 하나님은 "내 백성 이스라엘의 끝이 이르렀"다고 고지하신다. 더 이상 용서는 없다. "야훼의 날"(히브리어로 욤 야훼[$yôm\ YHWH$, יוֹם יהוה])은 이때에 해당한다. 형벌의 성질은 죄인들의 죽음으로 통지된다. "끝"(fin)이라는 용어를 세계의 파괴에 비추어 과도하게 해석해서는 안 된다. 이 말은 예언 문학에서 심판의 때를 지시하는 데 빈번히 사용된다. 하나님은 오로지 그렇게 말해도 된다면, 이스라엘(민족 그리고/또는 나라)이나 여러 민족들의 파괴만을 예고하신다.

이와 같은 구절들의 연대는 기원전 6세기 이후로 추정된다. 어떤 예언적인 구절도 최후의 심판을 마지막 날의 의미로 이해하도록 하지 않는다. 그러한 텍스트들은 오로지 죄인들을 벌할 역사의 순간에 들어오시는 하나님의 개입을 단언할 뿐이다. 이스라엘 사람들에게 불리한 정치적 사건들은 신적인 계획 속에서 해석된다.

말하자면, 이스라엘의 적들은 스스로 그들 자신의 주도로 행동하는 것으로 인식되지 않으며 그들은 이스라엘의 하나님의 계획에 따른다. 요컨대, 이스라엘의 하나님은 이 구절에서 이스라엘 사람들을 벌하기 위해 앗수르(아시리아) 사람들이나 바벨론 사람들을 보내기로 결정한다. 하나님 외에 그 누구도 이때 곧 "야훼의 날"의 정확한 날짜를 알지 못하며 그날에 하나님은 파괴적인 분노를 쏟아내실 것이다.

아모스 5:18에서 예언자는 이스라엘 사람들이 어떤 이유로 이때를 기다려 행동을 바꾸려 하는지 이해하지 못한다. 왜냐하면, 그들이 이 사건에서 살아서 나갈 수 없으리라는 것을 그가 알고 있기 때문이다. 하나님의 자기 민족의 역사에 대한 개입을 바라보는 그러한 견해는 묵시 문학에서 되풀이되어 종말의 때에 놓이게 된다. 이 모티프는 이어지는 장에서 검토하게 되겠지만, 이미 종말의 때에 있을 심판은 죄인들에 대한 동일한 형벌로, 즉 신적인 심판의 방향을 바꿀 가능성이 없는 죽음으로 표출된다.

이런 의미로 예언 문학에서 작동하는 역사관은 묵시 문학으로 이어지는 연속성을 가지게 된다. 그러므로 파국이라는 개념은 묵시론의 표징이 아니다. 그 이유는 예언들이 하나님의 역사 개입이 이스라엘 사람들을 위한 것이지만 또한 하나님의 가르침을 지키지 않을 경우 그들을 벌하기 위한 것이기도 하다고 상상하기 때문이다. 이 형벌은 파괴, 삶으로 돌아올 가능성 없는 죽음이라는 형태를 띤다.

3. 세상의 종말이 내포하는 관념

세계의 종말이라는 개념이 예언들에서 명확하게 단언화되지는 않지만, 그럼에도 이러한 개념은 드물게나마 몇몇 구절에 잠재하고 있는 것으로 보인다. 이 구절들 중 하나는 이사야 의 내용 가운데 자리하고 있다(사 13:9-16).

> [9]보라 여호와의 날 곧 잔혹히 분냄과 맹렬히 노하는 날이 이르러 땅을 황폐하게 하며 그 중에서 죄인들을 멸하리니, [10]하늘의 별들과 별 무리가 그 빛을 내지 아니하며 해가 돋아도 어두우며 달이 그 빛을 비추지 아니할 것이로다. [11]내가 세상의 악과 악인의 죄를 벌하며 교만한 자의 오만을 끊으며 강포한 자의 거만을 낮출 것이며, [12]내가 사람을 순금보다 희소하게 하며 인생을 오빌의 금보다 희귀하게 하리로다. [13]그러므로 나 만군의 여호와가 분하여 맹렬히 노하는 날에 하늘을 진동시키며 땅을 흔들어 그 자리에서 떠나게 하리니, [14]그들이 쫓긴 노루나 모으는 자 없는 양 같이 각기 자기 동족에게로 돌아가며 각기 본향으로 도망할 것이나, [15]만나는 자마다 창에 찔리겠고 잡히는 자마다 칼에 엎드러지겠고, [16]그들의 어린 아이들은 그들의 목전에서 메어침을 당하겠고 그들의 집은 노략을 당하겠고 그들의 아내는 욕을 당하리라(사 13:9-16).

이 텍스트는 하나님이 "야훼의 날"에 죄인들을 향해 쏟아낼 잔혹성을 풀어낸다. 그런 점에서 이 구절은 아모스에서 가져와 살펴본 발췌문과 거의 다르지 않다. 예언자 이사야는 여기서 기원전 6세기부터 유다 왕국을 압제하는 바벨론에 대한 예언을 전한다. 기록자 집단은 바벨론과 함께 아마도 그러한 상황에 순응하여 범죄한 유대인들에 대한 심판과 파괴를 일괄적으로 이야기하는 듯 보인다.

우리는 이 구절 전체를 임박한 파괴에 대한 예고로 이해할 수 있겠으나 10절은 보충적인 수준을 넘어서는 듯 보인다. 빛을 빼앗긴 별들이라는 이미지는 충격적이다. 왜냐하면, 관건은 죄인들의 유죄판결과 처벌이지 하늘의 빛과 별들의 종말이 아니기 때문이다. 그럴 때 우주는 혼돈(chaos)의 상황으로 되돌려진다.

이사야는 이 "야훼의 날"이 우주가 혼란에 빠질 정도로 인간에게 잔인한 것이 되리라고 말하는가?

이 질문에 대한 대답은 아마도 그렇게 되리라는 긍정이기는 하지만, 사라진 빛의 이미지가 세계의 종말과 동의어가 아니라는 이야기를 덧붙여야만 한다. 그런데, 우리는 "야훼의 날"을 어둠이 닥쳐오고 빛은 사라지게 될 때로 묘사하는 아모스 5:18을 인용했다.

이사야에 나오는 이 구절을 쓴 저자 집단은 하늘의 빛들을 사용한 은유를 부연함으로써 이 [아모스의] 주제를 발전시키려 했던 것인지 모른다. 그렇다면 이 절(사 13:10)은 하나님의 심판의 때를 우주의 혼돈이라는 의미가 아니라 비유적인 의미로 이해하려 했을 것이다. 예언자들이 전한 하나님의 뜻을 따르도록 태도를 바꾸라고 이스라엘 사람들을 설득하는 것이 관건인 이상, 별들에게서 빛 자체를 빼앗는 어둠의 이미지는 아마도 예언의 독자 혹은 청자들을 가르칠 의도를 가진 논변일 것이다.

예언서의 맥락에서 별들 가운데 자리한 어둠의 지배가 예고 하는 것은 세계의 종말 곧 혼돈이 아니며, 그저 이스라엘 사람들을 가르쳐 삶의 방식을 바꾸도록 할 목적을 지닌 전개일 뿐이다. 하지만 예언서의 맥락에서 나온 그러한 개념은 세계의 종말을 의미할 수도 있다. 게다가 다음 장에서 살펴보게 될 것처럼, 묵시 문학은 이러한 주제 의식을 발전시킨다. 예언적인 기록들은 다른 맥락 속에 자리하면서도 확연히 다른 메시지와 일치할 수 있는 이상들을 담고 있다. 동일한 이미지들의 이면에는 시간을 가로질러 수많은 기록자 집단에 따라 서로 상이한 해석들이 존재할 수 있다.

4. 예언의 완성

묵시론은 이렇게 예언적 상상을 이어받지만, 특히 계시의 초자연적 성격에 대한 편향적인 선호를 통해 서로 구별된다. 어쨌든 이러한 성격은 예언에는 전적으로 결여된다. 예언과 묵시론 사이의 중요한 차이는 관건이 되는 계시의 본성 자체와 관련된다. 하나님의 대변자로서 예언자들은 신적인 메시지를 직접적으로 전달한다.

예언은 일반적으로 "하나님이 이렇게 말씀하셨다"라는 말과 유사한 표현으로 시작하여 이스라엘 사람들을 향한 하나님의 말씀을 직접적으로 옮긴다. 예언자는 그러니까 하나님에 의해 선택됐다고 여겨지는 표현의 수단이다. [그가 전달하는] 메시지는 보통 '토라'(*Torah*)와 이전의 예언들에서 부여된 가르침들에 따르라고 권고한다. 여기서 땅 위에서 명령을 따르지 않는 자들을 벌하기 위해 하나님이 개입하신다는 신학이 펼쳐진다.

이스라엘 민족의 역사는 특히 기원전 6세기와 3세기 사이에 놓인 이러한 프리즘을 통해 재해석 된다. 이러한 예언들 속에 내포된 계시는 대개 상당히 명료하며 그 메시지는 모호함이나 부차적인 공상을 용인하지 않는다. 그러한 계시가 목적하는 바는 이스라엘의 하나님의 권능을 찬양하는 말과 표현들을 펼쳐 내어 독자나 청자에게 깊은 인상을 남기고, 이로써 그가 하나님의 가르침에 맞는 삶을 살아가도록 하기 위한 것이다.

이런 이유로 예언자들의 계시는 예언서들에서 드물게 나타나는 몇몇 구절을 제외하면(슥 1-6장), 해석을 필요로 하지 않는다. 예언자들의 계시는 읽기나 들음으로부터 이해될 수 있도록 진술되며, 전달된 메시지를 준수하라고 설득한다는 의미에서 효과적이다.

반대로, 묵시적 기록에서 작동하는 계시는 보다 복잡하다. 이러한 계시는 연속적인 두 부분으로 제시된다. 계시는 다양한 형태(환상, 하늘로의 승천, 기록, 천사의 말)로 주어지지만, 하나님의 메시지는 거의 이해될 수 없는데, 이유는 이러한 계시가 흔히 초자연적 요소들로 물들여지며 추상적인 어휘나 복합문(phrases complexes)의 형태로 표현되기 때문이다.

예를 들어, 우리는 여러 차례 되풀이하여 인간이 아닌 인간의 모습을 발견했던 바 있다. 그 묘사는 종종 땅의 세계의 특징들과 하늘의 세계에 속한 요소들 사이에서 요동한다. 기록자 집단은 그런 것들을 의도적으로 혼합하여 혼란스러운 정서를 다시 말해 초자연적인 인상을 불러일으키려 한다. 또한, [묵시적 기록의] 계시는 오로지 하나님만이 소유하신 비밀들을 전달하려는 것이다. 천상에서 하나님과의 근접성에 대한 언급은 계시의 중개인이 계시 이전에 누구도 알지 못했던 하나님의 비밀들을 알게 되었음을 나타내는 데 빈번히 사용되는 한 가지 논변이다. 이때 그 비밀들은 하늘에서나 땅 위에서 일어나는 초자연적 사건들을 통해 제시된다.

일반적으로 계시를 이해하려면 중개자가 필요하다. 계시를 받은 자, 즉 예컨대 에녹이나 다니엘에게는 도움이 필요하다. 이 도움이 하나님으로부터 직접 유래하는 말씀의 형태를 취하는 경우는 거의 없다. 보통 모종의 해석자가 보내지며, 이런 역할을 주장하는 것은 대체로 천상의 존재들이다. 우리는 여기에 발췌된 다니엘 9장의 몇몇 구절을 예로 들 수 있다(단 9:2-7).

> ²곧 그 통치(다리우스) 원년에 나 다니엘이 책을 통해 여호와께서 말씀으로 선지자[예언자] 예레미야에게 알려 주신 그 연수(年數)를 깨달았나니, 곧 예루살렘의 황폐함이 칠십 년만에 그치리라 하신 것이니라. ³내가 금식하며 베옷을 입고 재를 덮어쓰고 주 하나님께 기도하며 간구하기를 결심하고, ⁴내 하나님 여호와께 기도하며 자복하여 이르기를 크시고 두려워할 주 하나님, 주를 사랑하고 주의 계명을 지키는 자를 위하여 언약을 지키시고 그에게 인자를 베푸시는 이시여! ⁵우리는 이미 범죄하여 패역하며 행악하며 반역하여 주의 법도와 규례를 떠났사오며, ⁶우리가 또 주의 종 선지자들이 주의 이름으로 우리의 왕들과 우리의 고관과 조상들과 온 국민에게 말씀한 것을 듣지 아니하였나이다. ⁷주여 공의는 주께로 돌아가고 수치는 우리 얼굴로 돌아옴이 오늘과 같아서 유다 사람들과 예루살렘 거민들과 이스라엘이 가까운 곳에 있는 자들이나 먼 곳에 있는 자들이 다 주께서 쫓아내신 각국에서 수치를 당하였사오니 이는 그들이 주께 죄를 범하였음이니이다(단 9:2-7).

이 첫 번째 발췌문은 다니엘이 참조하는 "책"이 우리가 2절 말미에 따른 예언자(예레미야)의 책일 수밖에 없음을 아는 바로 그 책이라고 이야기한다. 이 책은 다니엘의 이 장을 기록한 집단에게 권위 있게 받아들여진다. 동일한 시대, 기원전 2세기인 132년에, 집회서(벤 시라의 지혜, le livre du Siracide)라는 한 다른 책이 벤 시라(Ben Sira)라는 어떤 인물의 가르침을 전한다. 서문(Prologue)에서 중요한 것은 벤 시라를 위한 참고서로서의 율법(Loi)과 예언자들(의 책)이다. 따라서 다니엘의 언급에서 묵시적인 기록들이 예언적인 기록들을 그 유래로 인식한다는 새로운 증거를 찾을 수 있다.

위의 본문에서는 예언자 예레미야에 의해 전해진 예언이 참조된다(렘 25:11-12; 29:10). 예언자는 거기서 바벨론 사람들에 의해 점령된 이후 68년 만에 예루살렘이 해방될 것이라고 고지한다. 연수(年數) 계산은 아마도 기원전 597년에 바벨론 왕 느부갓네살(Nabuchodonosor)이 최초로 예루살렘을 차지했을 때를 기준으로 시작했을 것이다.

이러한 재난(malheur)의 연수는 대체로 허구적인 기간을 지시하며 사람들의 한 세대를 나타낼 것이다. 이 수는 예언을 기록한 저자 집단에 의해 바벨론 세계로부터 차용된 것일 수도 있는데, 실제로 "에사르하돈의 검은 돌"(pierre noire d'Esarhaddon) 위에 새겨진 명문(銘文)에서 동일한 기간 동안 지속된 재난의 기록이 발견된다.

에사르하돈은 기원전 681년부터 669년까지 [앗수르의] 왕이었다. 그의 아버지 산헤크립(Sennacherib)은 689년에 바벨론(바벨로니아)이라는 도시를 파괴한다. [위에 언급한] 기념비가 바벨론이 파괴된 이 시기로부터 70년을 이야기한다는 것이다. [물론] 예레미야의 예언을 기록한 집단이 이러한 명문을 알고 있었는지 알 수는 없다.

[하지만] 만일 이것이 사실이라면, 놀랍게도 그 기간은 원래 예루살렘을 탄압했던 바벨론에 떨어진 재난의 기간을 이야기한다는 것을 알게 되는 셈이다. 예레미야의 예언 이면에 이 기간에 대한 언급을 통해 어떤 논쟁적 의도를 드러내고 있는지 우리는 알 수 없다. 그것이 어떤 것이든, 다니엘의 내용은 그 자신의 예언을 예레미야의 바로 이 예언에 기초하고 있다. [그리고] 다니엘의 내용은 이 예언을 활용하는 첫 번째 사례가 아닌 듯 보인다.

역대하(le second livre des Chroniques)에 포함된 다른 한 성경 구절은 이미 동일한 예언의 해석을 제시하고 있다(대하 36:20-22). 비록 그 나라와 주민들의 재난의 시기가 동일하다 하더라도, 출발점은 상이하다고 여겨진다. 우리는 기원전 586년에 있었던 동일한 느부갓네살에 의한 예루살렘 성전 파괴가 이 시기의 시작을 표시 한다는 것을 알고 있다.

이 시기는 바벨론 사람들 대신에 지역의 새로운 지배자가 되었던 페르시아의 제왕 고레스(키루스) 2세의 치세 때 있었던 성전의 재건과 강제 이주된 자들의 해방으로 종결된다고 여겨진다. 고레스 2세가 성전 재건의 칙령을 공포한 것은 538년이다. 따라서 예레미야의 예언은 역대하를 기록한 저자 집단의 관점에서 실현된다. 스가랴 [저자 집단] 또한 이 예언을 인식하고 있었을 가능성이 있으며(슥 1:12), 여기서 역시 출발점이 다르다.

우리는 페르시아 왕 다리우스 1세의 치세 두 번째 해, 즉 기원전 519년부터 70년을 세어야 함을 안다. 다니엘의 내용은 그 예언을 답습하는 이상 이 두 가지 해석을 고려하지 않는다. 다니엘서의 저자 집단이 이 두 가지의 보다 오래된 해석을 알고 있으면서도 무시했는지, 아니면 [애초에] 모르고 있었는지는 중요치 않다. 다니엘의 서사 구조를 추적해 보면, 9장이 고레스의 출현에 앞서 자리하고 있음을 알 수 있다. 요컨대 다니엘의 저자 집단은 예레미야의 오래된 예언을 상기시킬 때 그 예언과 관련된 시기를 고려하지 않았다고 생각할 수 있다.

그 예언은 이스라엘의 과오를 고백하는 다니엘의 기도가 도입되도록 하는 역할을 한다. 그 예언이 예언서들을 암시하는 "책"에 대한 언급을 통해 고지되기에 저자 집단은 다니엘의 담론을 예레미야의 예언에 근거하면서도 또한 권위를 가진 예언자에 기초한다. 다니엘 시대에는 항상 재난(malheur)이 지배하고 있었던 이상, 예레미야의 예언은 오로지 이스라엘의 과실(過失)을 오랜 기간에 걸친 야훼와의 계약 위반을 보여주는 기능을 한다. 예언의 사용은 거기서 그칠 수 있지만, 9장의 마지막 부분은 예언을 재개하여 거기에 새로운 의미를 부여한다(단 9:17-27).

> [17]그러하온즉, 우리 하나님이여, 지금 주의 종의 기도와 간구를 들으시고 주를 위하여 주의 얼굴 빛을 주의 황폐한 성소에 비추시옵소서. [18]나의 하나님이여, 귀를 기울여 들으시며 눈을 떠서 우리의 황폐한 상황과 주의 이름으로 일컫는 성을 보옵소서. 우리가 주 앞에 간구하옵는 것은 우리의 공의를 의지하여 하는 것이 아니요, 주의 큰 긍휼을 의지하여 함이니이다. [19]주여 들으소서. 주여 용서하소서. 주여 귀를 기울이시고 행하소서. 지체하지 마옵소서. 나의 하나님이여, 주 자신을 위하여 하시옵소서. 이는 주의 성과 주의 백성이 주의 이름으로 일컫는 바 됨이니이다. [20]내가 이같이 말하여 기도하며 내 죄와 내 백성 이스라엘의 죄를 자복하고, 내 하나님의 거룩한 산을 위하여 내 하나님 여호와 앞에 간구할 때, [21]곧 내가

기도할 때에 이전에 환상 중에 본 그 사람 가브리엘이 빨리 날아서 저녁 제사를 드릴 때 즈음에 내게 이르더니, ²²내게 가르치며 내게 말하여 이르되, 다니엘아 내가 이제 네게 지혜와 총명을 주려고 왔느니라. ²³곧 네가 기도를 시작할 즈음에 명령이 내렸으므로 이제 네게 알리러 왔느니라. 너는 크게 은총을 입은 자라. 그런즉 너는 이 일을 생각하고 그 환상을 깨달을지니라. ²⁴네 백성과 네 거룩한 성을 위하여 일흔 이레⁶를 기한으로 정하였나니, 허물이 그치며 죄가 끝나며 죄악이 용서되며 영원한 의가 드러나며 환상과 예언이 응하며(pour sceller la vision et le prophète) 또 지극히 거룩한 이가 기름 부음을 받으리라. ²⁵그러므로 너는 깨달아 알지니라 예루살렘을 중건하라는 영이 날 때부터 기름 부음을 받은 자(l'Onit) 곧 왕이 일어나기까지 일곱 이레와 예순두 이레가 지날 것이요, 그 곤란한 동안에 성이 중건되어 광장과 거리가 세워질 것이며, ²⁶예순두 이레 후에 기름 부음을 받은 자가 끊어져 없어질 것이며, 장차 한 왕의 백성이 와서 그 성읍과 성소를 무너뜨리려니와, 그의 마지막은 홍수에 휩쓸림 같을 것이며 또 끝까지 전쟁이 있으리니 황폐할 것이 작정되었느니라. ²⁷그가 장차 많은 사람들(plusieurs)과 더불어 한 이레 동안의 언약을 굳게 맺고 그가 그 이레의 절반에 제사와 예물을 금지할 것이며, 또 포악하여 가증한 것이 날개를 의지하여 설 것이며 또 이미 정한 종말까지 진노가 황폐하게 하는 자에게 쏟아지리라 하였느니라 하니라(단 9:17-27).

---

6   여기서 '이레'라는 말은 '일곱 날'이 아니라 '일곱 해'를 가리킨다.

우리는 9장의 서사에서 어떤 급격한 변화를 목도하게 된다. 왜냐하면, 중요한 것은 더 이상 기원전 6세기의 바벨론 유수(l'exil en Babylonie)이래 오래도록 지속된 이 비참한 시대가 아니라 오히려 이 시대가 변하기를 간구하는 다니엘의 기도이기 때문이다.

다니엘은 오래도록 지속된 형벌의 시간 이후 하나님의 용서를 볼 수 있기 바란다. 이야기의 흐름은 죄를 지은 자들의 고백(자복)에서 용서의 간구로 옮겨간다. 이번에는 "사람"으로 묘사되는 천사 가브리엘은 간구의 이야기에 끼어들어, 다니엘이 환상을 이해할 수 있도록 돕는다. 그 천사는 이 장의 첫 부분에서 인용된 예레미야의 예언을 돌이킨다.

계시는 기도의 내용에 대한 응답, 즉 하나님의 용서를 바라는 열망에 대한 응답으로서가 아니라, 다니엘이 기도한다는 사실에 대한 응답으로서 자리매김한다. 그러므로 계시는 기도와 절연되고 따라서 다니엘의 간청과 끊어지는 듯 보인다. 그럼에도, 용서의 간청은 예언자 예레미야에 따라 표현된 오랜 재난의 시기를 회상하는 기억에 토대를 둔다. 따라서 계시는 다니엘의 갈망과 직접적으로 연결된다고 생각할 수 있다. 천사 가브리엘은 그래서 다니엘 곁에서 해석자의 모습으로 다니엘이 예언을 이해할 수 있도록 돕는다.

예레미야 예언의 70년은 일흔 번의 일곱 해(이레)가 된다. 해들의 이레(년[年]들의 주[週], la semaine d'années)는 계시 문학에서 발견되는 시간의 측정 단위이다. 한 이레([주], semaine)는 일곱 날로 이루어진다. 이러한 기초 위에서 해들의 이레는 7년(일곱 해)에 해당한다. 가브리엘을 통한 계시는 70년이라는 재난의 지속 기간을 490년(70x7)으로 확장함으로써 예레미야의 예언을 재구성한다.

다니엘의 내용과 동시대의 텍스트로서, 에녹1서 안에 간직된 "동물들에 대한 계시"(에녹1서 89:59)는 바빌론 시이후의 시기(période postexilique)를 이스라엘이 70명의 목자에 의해 지도 받는 70차례의 기간으로 묘사한다. 그 단위는 해들의 이레가 아니지만, 다니엘 9장의 기록자 집단은 아마도 동일한 구상을 전면에 내세웠던 것으로 여겨지는데, 말하자면 그 구상은 포로기 이후의 시기를 묘사하는 것이다.

묵시론은 역사에 대한 명확히 결정론적인 환상이다. 이런 면에서 보자면, 묵시론은 예언의 연장일 뿐만 아니라, 그 완성이기도 하다. "환상과 예언이 응하며"(pour sceller la vision et le prophéte)[7]라는 문구가 이야기하는 것은 천사 가브리엘이 다니엘의 환상에 대한 해석을 부여하지만 동시에 예언자 예레미야의 예언에 대한 해석 또한 제공한다는 점이다. 묵시론은 계시의 해석을 넘어서 예언자들의 말을 완성한다고 주장한다.

9장의 마지막 부분은 "기름 부음 받은 자"(l'Oint)라는 말로 예루살렘 재건 이후로 전개된 바벨론 유수 이후 시기의 추이에 대해 분명히 이야기하는데, 이 표현은 아마도 기원전 5세기 초에서 4세기 말엽에 지사 스룹바벨(Zorobabel[8])과 협력한 대제사장 여호수아

---

[7] 단 9: 24의 프랑스어판 번역에서 사용된 동사 'sceller'는 '인장을 찍다,' '확인 하다,'
'고정하다' 정도의 의미를 지니며, 히브리어 성경에서 사용된 동사(ולחתם) 역시 유사한 의미를 가진 동사다.
[8] 스룹바벨은 유다 왕국 멸망 이후 바벨론으로 끌려갔던 마지막 왕 여호야긴의 아들이며, 고레스에 의해 예루살렘을 중심으로 한 지역의 통치자로 임명된다. 당시 유대 지역은 페르시아 제국의 한 주로 인식되기에 이 책의 원문에서 스룹바벨의 직위로 제시된 용어 'gouverneur'는 지사로 번역한다.

(Josué)를 지시하는 말일 것이다(슥 4:14). 훨씬 후대에는 한 다른 "기름 부음 받은 자"가 제거되기도 한다. 일반적으로 이 사람은 기원전 171년에 있었던 대제사장 오니아스 3세(Onias III)의 살해를 가리키는 것으로 이해된다(마카비하 4:23-28).

결국, 이 계시는 텍스트가 기록되던 당시인 2세기 중반의 상황을 강조하여 셀레오코스 왕국의 왕 안티오코스 4세(기원전 175-163년)의 시기를 가리키게 된다. 그(안티오코스 4세)는 "가장 가증스러운 것들"로 성전을 더럽혔고(마카비상 1:54), 또한 여기서 "많은 사람"(plusieurs)이라는 말로 지칭된 헬라화된 유대인들의 조력을 받아 유대교를 억압하려 했다고 전해진다. 이 계시는 안티오코스 4세가 사라지기를 바라는 희망으로 끝맺는다.

즉 이 장을 쓴 기록자 집단은 예레미야의 예언을 해석하고 바벨론 유수 이후의 시대에 그 예언의 완성을 선언하는 것이다. 이 시대의 종결은 [예레미야의 예언으로부터] 490년 이후인 [다니엘 계시의] 기록 연대와 일치한다. 안티오코스 4세에 의해 자행된 궁극적인 범죄 이후, 저자 집단은 셀레오코스 왕국의 왕이 소멸함과 함께 오랜 비참한 시대가 끝나게 될 것이라고 확언한다. 요컨대 묵시론은 예언을 활용하여 이를 해석하고 명확히 하며 완성하는 것이다.

그래서 묵시론은 예언을 연장하고 완성하는 해석적 차원에 놓인다. 이러한 견해는 에녹1서의 마지막 부분에서 명백히 표명되고 있다(에녹1서 108:5-9).

⁵나는 함께 있던 거룩한 천사들 중 하나에게 물었다. "이 빛나는 (장소는) 무엇입니까? 이곳은 결코 하늘이 아니며, 불타는 불꽃만이, 그리고 눈물과 흐느낌과 탄식 그리고 큰 고통의 소리만이 있으니

말입니다." ⁶그가 내게 말했다. "네가 보는 장소, 이곳에는 죄인들과 악한 자들의 영혼이 던져지는데, 이들은 곧 악행을 일삼고 주님께서 예언자들의 입을 통해 반드시 일어날 것으로 말씀하신 모든 일을 왜곡한(dénaturent) 자들이다. ⁷하늘에는 이에 관한 책과 기록들이 있으며, 그래서 천사들은 이를 읽고 장차 죄인들과 겸손한 자들의 영혼에 일어날 일을 알고 있는데, 이 [겸손한] 자들은 몸으로 고난을 당하고 하나님께 보상받은 자들과 악인들에 의해 매도 당했던 자들이며, ⁸하나님을 사랑하며, 금이나 은 또는 이 세상의 어떠한 재물도 사랑하지 않고, 자기 몸을 고통에 넘겼던 자들이며, ⁹모든 삶으로 땅의 음식을 추구하지 않고 오히려 한결같이 스스로를 덧없는 숨결로 여겨, [그것을] 보존하는 자들이다. 주님은 그들에게 많은 시련을 주시지만, 그들의 영혼은 순수함을 인정받아 그분의 이름을 찬양하게 될 것이다"(에녹1서 108:5-9).

에녹1서 108장은 에녹에 관한 혼란스러운 기록들의 모음을 마무리하는 결론부이다. 또한, 이 장은 작품 전체에 대한 해석을 전달한다. 결론부 처음에 나오는 몇 행은 이 책 속에 자리한 여러 장들을 상기시킨다. 따라서 이 구절의 기록 연대는 기원후 1세기로 추정된다.

이 발췌문은 죄인들이 던져질 장소를 묘사한다. 죄인들의 특징에 대한 설명 중에는 그들이 예언자들에 의해 전달된 신적인 말씀을 "왜곡한다"라는 점이 있다. 이러한 질책은 에녹1서의 다른 곳에서도 발견되지만(에녹1서 99:2; 104:10-11), 그 구절들은 예언들을 구체적으로 특정하지 않고 단지 "진리의 말씀"이라고만 언급한다. 이 명칭은 아마도 예언자의 예언보다 더 범위가 클 것이다. 이러한 조건에서 여기에 토라와 에녹 자신의 말을 추가할 수 있다.

예언적 고지에 대한 실패에 관해 가해지는 책망은 인용된 구절에서 분명하게 표현된다. 그 책망은 또한 에녹1서라는 모음집이 생산되던 시기 그리고 보다 넓게 보자면, 서력 전환기의 묵시론 또는 심지어 당시 유대교에서 예언서가 차지하는 지위를 나타낸다. 예언자들의 입을 통해 하나님이 말씀하신 모든 것은 반드시 일어난다. 따라서 묵시론은 예언의 연장을 넘어 그 실현의 완성이 된다.

또한, 사해 사본의 발견에 따라 예언서들을 주해하는 묵시적 기록들을 발견할 수 있게 됐다. 예언의 말씀을 현실화하는 이러한 주석들은 언제나 종말의 때에 대한 해석과 관련지어진다. 그러한 주석들은 복수형으로 페샤림(*pesharim*)이라는 이름이 붙여지며(단수형으로는 페셰르[*pesher*]), 다양한 구조를 갖는다.

예를 들어, 예언서의 한 절과 "이에 대한 설명은 … 와(과) 관련된다"(l'explication de ceci concerne), 즉 히브리어로는 피시로 아셰르(*pishrô asher*)라는 표현 그리고 마지막으로 그 해석이 따르는 서사적 도식을 발견할 수 있다. 예언자 하박국(Habacuc)의 책에 대한 페셰르가 그 전형적인 예를 제공한다(1QpHab 6:12-7, 8).

> [12]내가 내 파수하는 곳에 서며 성루에 서리라. [13]그가 내게 무엇이라 말씀하실는지 기다리고 바라보며 [14]나의 질문에 대하여 어떻게 대답하실는지 보리라 하였더니, [15]여호와께서 내게 대답하여 이르시되 "너는 이 환상을 기록하여 판에 명백히 새기되 읽는 자가 막힘 없이 읽을 수 있게 하라"(합 2:1-2). 이에 대한 설명은 […]. [1]하나님은 하박국에게 앞으로 올 세대에 [2]일어날 일을 기록하라고 말씀하시지만, 이 시기가 끝나지 않았을 때, 그분은 그 일을 하박국이

알게 하지 않으신다. ³그분이 말씀하신 "읽는 자가 막힘 없이 읽을 수 있게"(합 2:2)라는 말씀에 관하여, ⁴이에 대한 설명과 관련되는 것은 정의의 주인(Maître de Justice)인데, 하나님은 그에게 ⁵그분의 종들인 예언자들의 말에 담긴 모든 신비(tous les mystères des paroles de ses serviteurs, les prophètes)를 알게 하셨다. 왜냐하면, 또 정해진 때에 대한 ⁶환상이 있고, 그 환상이 종말을 이야기하며 거짓을 말하지 않기 때문이다(합 2:3). ⁷이에 대한 설명은 지속되어 예언자들이 이야기한⁸ 모든 것을 넘어설 마지막 때와 관련되는데, 이는 하나님의 신비가 놀라운 것이기 때문이다(1QpHab 6:12-7, 8).

선택된 구절은 또한 종말의 때에 하박국의 예언이 완성 된다는 인식을 표현한다. 이 주해를 남긴 기록자 집단은 예언자가 하나님의 메시지를 모두 아는 것이 아님을 명확히 한다. 하나님은 하박국에게 종말의 때가 오는 시간을 밝히지 않았다. 이 일련의 주석은 그 (시간에 대한 계시를 받는) 축복받은 수탁자가 "의의 스승," 곧 주석을 썼다고 알려진 이 유대인 집단의 지도자라고 명시한다. 의의 스승은 하나님으로부터 예언들의 숨겨진 의미("그분의 종들인 예언자들의 말에 담긴 모든 신비")를 받는다.

우리는 종말의 때가 예언자들이 고지했던 것보다 더 길게 지속될 것임을 깨닫게 된다. 그러므로 묵시론에서 예언의 확장과 완성은 서로 분리될 수 없다.

예언과 관련하여 묵시론에서 나타나는 계시의 이해는 뚜렷이 다르다. 묵시론은 이미 선과 악, 정의로운 자들과 악한 자들 사이의 대립에 뿌리를 두고 이미 예정된 역사에 관한 환상을 펼쳐낸다. 종종 이스라엘 사람들은 악한 편으로 분류되기도 한다. 왜냐하면, 그들이 죄를 짓고 야훼를 존경하지 않거나 더 이상 그와의 계약된 연합을 존중하지 않았기 때문이다.

역사는 오로지 이러한 변증법에서의 대립일 따름으로, 묵시론은 이 대립에 의미를 부여하고자 궁리한다. 이 의미는 역사적 사건들을 몸소 겪은 자들의 이해를 벗어난다고 여겨지며, 따라서 역사의 의미를 이해할 필요가 있다.

또한, 이스라엘 사람들의 현재 상황이 예언만으로는 해독하기 어려울 수도 있다. 묵시론은 신적인 계획의 진실로 간주되는 의미를 부여하기 위해 노력한다. 그렇다고 해서, 예언이 권위를 잃고 잘못된 메시지들의 자리에 놓이는 것은 아니다. 왜냐하면, 그것은 여전히 하나님으로부터 오는 직접적인 말씀이기 때문이다. [차라리] 예언은 잘못 이해된 것으로 생각되며, 이는 하나님이 자신의 말씀의 진의를 전달하시지 않기 때문이다. 그렇다면 하나님의 메시지를 알고 현재와 미래의 상황을 밝히기 위해서는 예언을 재검토하는 것만으로도 충분하다.

그러므로 하나님으로부터 영감을 받은 예언들의 해석이 있으며, 계시는 예언자의 입을 통한 명확하고 직접적인 계시와 해석적 계시라는 두 가지 층위로 분리할 수 있다. 따라서 신적인 메시지에 대한 해석에는 두 가지 등급이 가능하다. 인간을 초월한 천상의 현상이나 초자연의 현상들은 묵시적 텍스트들을 흩뿌림으로써 예언에 대한 해석의 출현을 정당화하며 이 해석은 어떤 특정한 방식으로 예언을 연장하고 대체하지만 그럼에도 예언의 정당성을 부정하지는 않는다.

인간이 잘못 이해하는 것은 예언의 의미일 뿐, 의문의 여지 없이 확고하게 유지되는 그 실체가 아니다. 오로지 하나님만이 이해의 열쇠를 소유한다. 그분은 이 열쇠를 드러내고, 세계의 숨겨진 질서 가운데, 즉 그의 창조로부터 정하여진, 체계화된 논리적인 질서 가운데 놓아둔다.

예를 들어, 바룩2서(le Deuxième livre de Baruch)에서 구름과 물들의 환상은 세계의 역사를 여섯 차례의 "혼탁한"(noires) 물과 여섯 차례의 "맑은"(lumineuses) 물 사이의 교대로 나눈다. 그렇다면 묵시론은 오직 탐구, 즉 (우리가 이어지는 장에서 살펴게 될 것처럼) 창조로부터 하나님에 의해 작동되도록 계획된 이 세계와 우주의 발견일 뿐이다. 묵시적 이상들을 지닌 사회적 그룹들은 그 비밀을 알고자 한다. 그 비밀을 드러내는 방법들 중 하나가 예언자들에 의해 전달된 신적인 말씀들을 다시 읽는 것이다.

장차 이루어질 신적인 계획의 일부분만을 고지하는 이 예언들은, 묵시론을 고수하는 지지자들의 의미 탐구를 통해서 연장될 뿐만 아니라, 한 사람에 의해 해석되고 설명되기도 한다. 이때 이 인물은 그런 방식으로 해독된 신적인 비밀을 부여하고 퍼뜨릴 책임을 지는 사람이다. 이런 이유로 묵시론은 또한 예언의 완성이다.

하지만 인간들을 향한 신적인 메시지의 확산은 흔히 어떤 제한된 집단(cercle)으로 한정된다. 예를 들어, 다니엘의 내용에서 "지혜 있는 자들"(가르치는 자들, enseignants, 히브리어로 **마스킬림**[*maskilym*], 단 12:3, 10) 혹은 에녹1서에서 에녹의 "아들들"(fils, 에녹1서 81:5-6)에게 말이다. 이 표현들 뒤에는 묵시적 기록들 각각의 기록자 집단에 속한 지지자들이 있었다고 추정된다.

제3장

하나님 알기: 전통적 지혜의 연장과 이에 대한 의문

우리는 고대 세계에서 작동하던 유대교의 묵시론 에서 나타나는 윤곽 및 기제들에 대해 조금씩 묘사하고 있다. 묵시론에 대한 쉽지 않은 정의는 아마도 다른 장르의 문헌과의 비교를 통해 보다 분명하게 표현될 수 있으리라 여겨진다. 예컨대 묵시서 와 묵시적 이상들은 더 오래된 예언들과 예언적 이상들을 연장하며 이들을 완성한다. 예언과 묵시론의 관계에 대한 연구는 오랫동안 지혜와 묵시론의 관계라는 다른 계통을 가려 왔다.

고대 세계에서 지혜(sagesse)는 오늘날 통속적으로 받아들여지는 말뜻과 정확하게 일치하지 않는다. 이는 어떤 현명한 인물이 내리는 "이성적인" 결정과 관련된 것이 아니다. 고대의 지혜가 가리키는 것은 것은 사람에게 있어서 삶의 이상이다. 이를 표명하고 기대하기 위해서는 세계 및 인간 존재의 성질과 결점을 알아야 한다. 이때 지혜의 추구는 완전함에 대한 탐색으로, 세계의 운명과 그 운행의 일치에 대한 추구나 인간성의 미덕에 대한 함양으로 나타난다. 이로부터 인간은 현재의 자기 삶에 있어 이러한 이상에 부합하는 행동, 즉 그가 경험이나 실험을 통해 도달하고자 노력하는 행동을 연역해 낸다.

토라는 유대교 내에서 사회관계들을 규제해야 할 하나님의 계명들을 부여한다. '지혜 문학'(littérature de sagesse)은 이러한 규약화된 사회 규범에 반발하거나 충돌하지 않는다. 그러한 문헌은 토라에 따르지만 (또한) 경험된 것이나 세계와 인간들에 대한 관찰에 기초한 삶을 제시한다. 지혜 문학이 윤리와 [올바른] 행동을 주창하는데 반해, 토라는 규범을 부과한다. 지혜 문학은 경험에 기초한 접근법과 규범이 양립하는 길을 찾고자 하는 것이다.

1. 지혜의 연장

묵시서들에서 계시의 대리자는 흔히 어떤 현자(sage)로 묘사되곤 한다. 예를 들어, 에녹1서에 따를 때, 조상 에녹은 자발적으로 서기관(율법학자, scribe)이자 현자로 소개된다(에녹1서 92:1). 이 구절의 여러 판본마다 차이가 존재하는 듯 보이며, 이런 이유로 원문을 복원하기는 쉽지 않다. 여기서는 아람어 텍스트에 기초한 번역본을 사용하지만, 아람어 텍스트의 이 부분은 누락되어 있다. 그래서 우리는 헬라어 번역본과 에티오피아어(콥트어) 번역본에 기초한 텍스트를 제시하고자 한다.

> 그(에녹)가 므두셀라와 그의 아들들과 그의 모든 형제들에게 써서 남겼던 것(에서), [에녹은 뛰어난 서기이자], 인간들 중 가장 현명한 자(현자, sage)이자, [그들의 행위를 판단하도록 땅의] 아들들 중 선택된 자로서, [그는 자기 아들들에게] / 미래의 아들들(과) 세대들에게, [메마른 나라에] 거주하는 모든 자들에게 [선을 행하고 평화

롭게 살도록 기록을 남겼다].

이는 모든 인간이 기원하는 완전한 지혜의 표징(signe)을 가진 자이자 모든 땅의 인도자인 서기 에녹으로부터 땅 위에 거주하는 나의 모든 아들과 진리와 평화를 간직하는 모든 이후 세대들에게 쓰여 남겨진 것이다.

더 오래된 판본은 전자인 아람어 판이지만, 두 번째 판본에 아람어 판에서는 사라진 오래된 구절들이 보존되어 있다는 점을 배제할 수 없다. 두 판본을 비교해 보면, 아람어 판이 에녹에게 "현자"(sage, hakam)라는 칭호를 부여함을 알 수 있다. 에티오피아어 판에서 에녹은 그저 서기관일 뿐이다. 두 판본의 흐름은 그리 다르지 않다.

두 판본은 십중팔구 에녹이 자기 후손과 모든 인간에게 가르침을 주는 현인의 형상이라는 동일한 견해를 주장할 개연성이 있다. 이 가르침은 오직 책을 통해 부여되며, 이런 이유로 에녹이 서기관으로 규정되는 것은 논리적이다. 이 책의 나머지 부분과 마찬가지로, 현대인들이 '에녹 서신'(l'Épître d'Hénoch) 혹은 '권면'(parénèses)이라 부르는, 에녹1서(le Premier livre d'Hénoch) 91-107장에 위치한 92장에서도, 에녹은 자기 아들들과 사람들에게 혹은 "정의로운 자들"로 불리우는, 그들 중 일부에게 가르침을 주는 아버지의 역할을 하게 된다(에녹1서 91:1-3, 18-19; 92:1; 94:1).

이 서사 구조는 잠언(le livre des Proverbes)에서 쓰이는 서사 구조와 매우 유사하다(잠 1-9장). 예를 들어, 우리는 "내 아들아, 네가 만일 나의 말을 받으며 나의 계명을 네게 간직하(면)"(잠 2:1)이라는 문구를 읽게 된다.

다니엘 또한 현자의 모습으로 인식되며, 지혜는 그에게 주어진 성질로 받아들여진다(단 1:4, 17, 20; 2:23; 5:11, 14). 에스라(Esdras)에게도 동일한 지혜와 지성(이해력)이 부여되며, 이에 따라 에스라4서(le Quatrième livre d'Esdras)에서 그는 이스라엘의 현자들을 가르치기도 한다(에스라4서 12:38; 14:13, 26, 46-47). 물론, 그는 직접적으로 현자로 지칭되지는 않으며 이는 바룩(Baruch)도 마찬가지다. 하지만 이 바룩이라는 인물은 바룩2서(le Deuxième livre de Baruch)에서 현자로 인정되며, "연소한 시절 이래, 나는 그분(하나님)의 지혜와 멀리 떨어져 있지 않았다"라고 말하기도 한다.

묵시적 문서(l'apocalyptique)에서 계시의 대리자는 여러 차례 예언자의 모습으로 묘사되며 우리가 본 것처럼 예언자라는 명칭을 얻지만, 마찬가지로 현자의 특징들 또한 지니며 신의 메시지를 전달하는 성경의 인물에게 주어지는 것과 같은 현자의 명칭을 얻기도 한다. 묵시적 문서와 지혜 문서(sagesse)의 가까운 관계(filiation)는 이러한 계시의 대리자라는 호칭으로 분명하게 표현된다.

묵시적 기록에 내포된 계시의 내용 또한 지혜 문학과 연결된다. 에녹1서의 한 구절은 조상(에녹)의 입을 통해 아들들에게 전해지는 것인데, 이 구절에서 기록을 통해 주어지는 계시는 "지혜"로 묘사된다(에녹1서 82:1-3).

> [1]나의 아들 므두셀라, 이제 내가 너에게 이 모든 것을 이야기하고 글로 남긴다. 나는 너에게 모든 것을 밝혔고 이 모든 것에 관한 책들을 주었다. 내 아들아, 네 아버지가 쓴 책을 간직하여 세상의 세대들에게 주어라. [2]나는 네 아이들과 네 아이들이 될 자들에게 지혜를 주어, 그들이 자기 지성을 넘어서는 이 지혜를 세세토록 그들의 아이들에게 물려줄 수 있도록 했다. [3]이해하는 자들은 졸지 않

고, 귀를 기울여 이 지혜를 배울 것이다. 이 지혜는 좋은 음식이 먹는 자에게 좋은 것보다 더 좋을 것이다(에녹1서 82:1-3).

비밀의 계시(드러냄, révélation)이라는 관점에서 지혜는 필연적으로 인간에게 밝혀져야 하는 것인데, 왜냐하면 이 지혜가 이른바 인간의 지혜를 넘어서기 때문이다. 그러므로 지혜는 에녹이 땅 위에서 인간들에게 전하는, 숨겨져 있던 신적인 메시지의 일부를 이룬다. 에녹에게 관련된 문헌 전승들에서 지혜는 첫 번째로 꼽히는 중요성을 지닌다. 지혜는 에녹서들의(앞에 인용된) 이 구절이나 에녹1서 104:12에서 선물로 주어진다고 여겨진다.

나는 또 두 번째 신비를 알고 있다. 정의로운 자들과 평화로운 자들과 현명한 자들에게, 내 책들이 주어져 정의의 기쁨이 되고 지혜를 한층 더할 것이다(에녹1서 104:12).

희년서(le Livre des Jubilés)라는 한 다른 기록에서는 에녹이 지혜를 깨우친 첫 번째 사람으로 그려진다(희년서 4:17). 그러나 에녹1서의 다른 구절들에서 지혜는 오로지 종말의 날에야 정의로운 자들에게 주어진다(에녹1서 91:10; 93:10; 105:1). 지혜의 계시에 대한 이 두 가지 견해는 어쩌면 서로 대립하지 않을 수도 있다. 왜냐하면, 지혜는 기록을 남기는 에녹에게 계시되고, 또 책들이 전수되며 이로써 지혜가 모든 사람 가운데 퍼져나가기 때문이다. 그 결과 종말의 날에 정의로운 자들은 지혜를 소유한다. 에녹 자신은, 앞에서 인용된 에티오피아어판 에녹1서 92:1에 따를 때, "지혜의 표징"(signe)이다.

우리는 이 표현을 다른 지혜의 기록인 집회서 [벤 시라의 지혜, le livre du Siracide]에 나오는 표현과 비교할 수 있는데, 여기서 관건은 "인식의 표징"이다(집회서 44:16). 에녹1서 속에 위치하여(에녹1서 37-71장), 에녹의 후견 아래 놓인 다른 책인 "비유의 서"(*Livre des paraboles*)에서 지혜는 빈번히 환기된다. 이 책의 첫 부분은 에녹에게 계시된 지혜의 본성을 분명히 한다(에녹1서 37:1-4).

> **¹**이는 아담의 자손이자, 세스의 자손, 에노스의 자손, 게난의 자손, 마할랄렐의 자손, 야레드의 자손인 에녹이 보았던 지혜의 환상이다. **²**이는 내가 땅 위에 거주하는 자들에게 이야기하려 했던 지혜의 말씀의 시작이다. 이전의 사람들이여, 영들의 주님(Seigneur des esprits) 앞에서 내가 소리내어 말하는 이야기를 들으시오. 이후에 온 자들아, 이 이야기를 보라. **³**이것들은 먼저 온 사람들에게 이야기하는 편이 좋겠으나, 나중에 온 사람들에 대해서도 지혜의 첫 부분(début de la sagesse)을 가로막지 말도록 하자. **⁴**지금에 이르기까지 그 지혜는 내 바람에 따라 내가 받았던 것이 아니라 영들의 주님의 현존으로부터 주어진 것이며, 영원한 생명이라는 몫은 영들의 주님의 뜻에 따라 내게 부여되었다(에녹1서 37:1-4).

"비유의 서"는 "지혜의 환상"으로 규정된다. 이 표현은 묵시적 계시와 지혜의 융합에 대한 것이다. 에녹의 기록들은 이어서 지혜의 첫 부분으로 서술된다. 여기서 관건은 미래에 지혜에 관한 다른 계시들이 아니라 아마도 점차 모든 사람 각자에게 흩어져 나간, 앞서 환기된 지혜의 개념을 기대하는 것이다. 그러한 개념은 또한 잠언(livre des Proverbes)에서도 다음과 같이 표명된다.

주님을 경외하는 것이 지혜의 근본이라(잠 1:7).

비유의 서로 들어가는 서론의 마지막 부분은 에녹1서 82:2-3과 마찬가지로 지혜와 계시 사이의 관계를 한층 더 자세히 설명한다. 지혜는 삶의 경험이나 긴 실험으로 얻을 수 없으며 계시 받아야 알 수 있는 것이다.

이에 따라 비유의 서 발단부는, 에녹1서 82:2에서 표명되는 것처럼, 지혜가 인간의 지성을 넘어서는 것이라는 이상을 정당화한다. 이런 이유로 에녹1서에서 전개된 지혜의 개념은 지혜 문학에서 통상의 정의와 일치하지 않는다. 묵시론은 인간을 넘어서는 비밀의 드러남(계시)이라는 관점에서 전통적인 지혜에 이르는 접근 양식, 즉 삶과 경험으로부터의 교훈이라는 점을 수정한다.

묵시적 지혜는 그럼에도 전통적 지혜에서 빈번히 나타나는 주제들을 다시 언급한다. 예컨대 에녹1서 101장에서 잠언(잠 1:7; 15:33)이나 집회서(집회서 1:11-20)에서 나오는 것과 같은 하나님에 대한 경외를 발견하게 된다. 에녹1서나(예를 들어, 에녹1서 91:18-19; 94:1-5) 다른 묵시적 기록들에 나타나는, "정의의 길"(voies de justice)을 따르라는 호소는 전통적인 지혜의 권고를 반영한다(에녹2서 39:1-2; 42:7-8; 52:1-9; 에스라4서 14:31).

지혜 문학과 묵시 문학에 의해 가장 많이 공유되는 중요한 주제들 중 하나는 하나님의 의지와 땅 위의 우주적 질서 사이의 관계다. 창세기에 기록된 창조에 대한 서사로부터 알 수 있는 것처럼(창 1-2장), 세계의 창조는 하나님 자신의 의지로 실현 된 것이다. 하나님은 이런 방식으로 인간과 또 사회 전부가 그 안에 자리하는 자연의 질서를 정립하신다.

따라서 인간이 하나님과 그분의 계획을 알고자 한다면 하나님이 뜻하시는 이 질서에 순종해야 한다. 그렇다면 여기에 따라나오는 문제는 신적인 질서(자연과 사회)와 인간의 행동 사이의 조화다. 지혜는 이 조화를 하나님 알기라는 목적 속에 정립하는 것을 목적으로 삼는다. 토라 속에 보존된 신적인 계명들은 하나님이 바라는 사회적인 규범이지만, 또한 지혜의 관점에서 사람들 각자가 따라야 할 삶의 원칙들이다.

그러므로 사람의 행동이나 윤리 역시 이러한 조화로부터 도출 된다. 이를테면, 인간은 선조와 후손을 존중해야 하며 가난한 자나 고아와 과부를 도와야 하며 고인을 위한 행위를 완수해야 하는 등이다. 그리하여 의무에 기초한 윤리는 하나님이 뜻하고 토라에서 율법으로 표현된 사회적 관계들의 토대가 된다. 이 행동은 사실상 도덕과 결합되며, 이는 또한 토라의 율법을 통해 표현된다. 선한 사람은 평화롭고 정의로우며 어떤 경우에도 중용을 지킨다.

따라서 지혜는 신적인 의지, 창조 질서, 인간들의 윤리 및 도덕 사이에 조화로운 합의를 만들어내며, 이런 방식으로 토라 속에 보존된, 야훼와 그의 백성 사이의 언약을 완성한다. 집회서(livre du Siracide)의 한 부분이 이러한 합의를 추구함을 나타낸다(집회서[헬라어] 17:1-15).

1주님께서 사람을 흙으로 만드시고, 흙으로 다시 돌아가게 하셨다. **2**주님께서는 사람들에게 일정한 수명을 주시고, 땅 위에 있는 것들을 다스릴 권한을 주셨다. **3**또한 그들을 그분 자신처럼 여겨서 힘을 주시고, 그들을 그분의 모양대로 만드셨다. **4**모든 살아있는 존재가 사람을 무서워하게 하셔서, 사람으로 하여금 짐승이나 새들을 지배하게 하셨다. **5,6**주님께서는 사람들에게 분별, 혀와 눈, 귀와 마음을 주셔서 생각하게 하셨다. **7**또한 주님께서는 사람들을 지식과 지성[이해력]으로 채우셨고, 선과 악을 밝히도록 하셨다. **8**그리고 그분의 위대한 업적을 보이시기 위해 그들의 마음속에 그분에 대한 경외심을 주셨고, **9,10**그들은 그분의 거룩하신 이름을 찬양하며, 그분의 위대한 업적(oeuvres)을 전할 것이다. **11**주님께서는 사람들에게 지식을 더해주시고, 생명의 율법을 유산으로 주셨다. **12**그리고 그들과 영원한 맹약을 맺으시고, 그들에게 당신의 판결들을 알려주셨다. **13**그들은 눈으로 그분의 엄위하신 영광을 보았으며, 귀로 그분의 영광스러운 음성을 들었다. **14**주님께서는 그들에게 "모든 부정의(injustice)를 경계하라"고 말씀하셨으며, 각 사람에게 이웃에 대한 계명들을 가르쳐주셨다. **15**사람의 길은 언제나 주님 앞에 있어, 그분의 눈을 피할 수 없을 것이다(집회서 17:1-15).[1]

묵시적 기록들에서는 이러한 견해를 되풀이한다. 에녹1서의 도입부(에녹1서 2:1-5:4)는 하나님에 의해 결정된 우주의 질서를 찬양한다.

II **1**[그분의] 모든 작품들(oeuvres)을 바라보고, 하늘의 작품들이 경로를 바꾸지 않음을 관찰한다. 하늘의 빛들은 모두 각각이 정해진 시간에 맞추어 뜨고 진다. **2**땅을 관찰하여 시작부터 끝까지 그 위에서 일어나는 일들을 살펴본다. 땅 위에서는 아무것도 변치 않으나,

---

[1] 이 번역은 우리말 공동번역의 해당 구절을 책의 원문에서 사용된 프랑스어 판 TOB (Traduction œcuménique de la Bible) 인용문에 맞춰 수정한 것이다.

하나님의 모든 역사(役事, oeuvres)는 너희에게 드러난다. ³여름과 겨울의 징후들을 살펴본다. 겨울의 징후를 보니, 온 땅에 물이 가득하고, 구름과 이슬과 비가 그 위에 머무른다. III ¹모든 나무들이 메말라가며 모든 잎을 떨구는 모습을 바라본다. 낙엽이 지지않는 열네 가지 나무만이 예외인데, 이것들에는 2, 3년 후에 새로운 것이 나기까지 오래된 것[잎]이 남아있다. IV ¹태양이 불타올라 빛을 발하는 여름의 징후들을 살펴본다. 너희들은 나무와 그 그늘을 찾는다. 땅은 작열하는 뜨거움으로 타오르고, 너희들은 그 열기로 인해 흙이나 바위에 발을 내디딜 수 없다. V ¹모든 나무에 푸른 잎이 돋아나 나무들을 덮는 것을 본다. 그 모든 열매가 나무들에 명예와 영광을 입힌다. 그분의 모든 역사를 바라보고 세세토록 영원히 살아있는 그분이 이 모든 역사를 행하심을 깨닫는다. ²그리고 그분의 작품들은 년년세세 이어지며, 그분을 위해 그분의 역사들을 실현한다. ³바다와 강들이 어떤 방식으로 그분의 말씀에 따라 그분의 역사를 바꾸지 않고 실현하는지 살펴본다. ⁴그러나 너희는 확고하지 않았고, 그분의 계명에 따라 행하지도 않았다. 너희는 돌아서서, 그 분의 위엄에 대해 불결한 입으로 거만하고 거친 언설을 내뱉었다. 강퍅한 마음들이여! 너희에게 평화는 없으리니!(에녹1서 2:1-5:4)

이 구절은 하나님에 의해 완성된 창조가 불변적이며, 그런 이유로 하나님의 말씀과 계명들의 실현을 나타낸다. 이러한 지혜 문학의 중심적인 이상은 묵시 문학에서 폭넓게 되풀이된다(에녹1서 75:3; 84:2-6; 에녹2서 33:1-4; 44:1-4; 에스라4서 6:38-54, 아브라함의 계시 21장). 심지어 그 이상은 불변적인 시간의 구조에도 적용된다.

예를 들어, 역사의 연대(chronologie)는 서로 이어지는 열두 차례의 혼탁한 "물결"과 열두 차례의 맑은 "물결" 가운데 자리하고 있다(바룩2서 61-74장; 에스라4서 14:27-35). 하나님의 창조를 나타내는 이 물결들은 창조의 순간에 하나님에 의해 정해진 불변하는 시간에 질서를 부여하는 역할을 한다. 그래서 묵시 문학은 전통적인 지혜의 정신적 범주들을 계승한다. 우주적 관점에서 창조의 질서는 인류의 혼돈과 대립되며, 윤리나 도덕의 차원에서 경건함은 불경함과 대립된다.

2. 전통적인 지혜에 대한 문제 제기

하지만 묵시론은 그저 전통적 지혜의 연장으로만 그치지 않는다. 이런 이야기가 모순적이지는 않지만, 묵시 문학은 인간이 토라와 윤리, 도덕에 따른 행동으로 기대할 수 있는 보상에 관해 말하는 전통적인 지혜와 분리된다. 전통적인 지혜는 땅 위에 있는 모든 사람 각자의 행동과 그가 기대할 수 있는 보상 사이의 관계를 단순한 방정식으로 표명한다. 예컨대 선을 행하는 자들은 오래 살고, 악을 행하는 자들에게는 죽음이 주어진다는 식으로 말이다. 잠언(le livre des Proverbes)은 이러한 견해를 표현한다(잠 10:16-17).

[16]의인의 수고는 생명에 이르고 악인의 소득은 죄에 이르느니라. [17] 훈계를 지키는 자는 생명 길로 행하여도 징계를 버리는 자는 그릇

가느니라(잠 10:16-17).

그러나 묵시적 기록들은 이 방정식이 거짓임을 확인한다. 왜냐하면, 악인들이 정의로운 자들보다 더 오랜 삶을 살며 하나님에 대해 불안해하지 않기 때문이다. 땅 위에 현존하는 악의 존재에 대한 문제가 중심에 놓인다. 앞에서 우리는 에녹1서에 보존된 "파수꾼의 서"(Livre des vigilants)에서 [이 문제에 대해] 주어진 대답을 보았다 (에녹1서 1-36장). 타락한 천사들이 그들의 본성에 반하여 여자들과의 결합함으로 인해 인류 가운데 있는 악을 불러들였다는 것이다. "땅은 피와 폭력으로 가득하다"(에녹1서 9:9). 그래서 천사들은 하나님 앞에서 그들의 몰이해를 표현한다(에녹1서 9:11).

당신께서는 일어나기도 전에 모든 일을 알고 계시며, 모든 것을 보시고 [일어나도록] 허용하십니다. 당신께서는 이 일에 관해서 그들에게 무엇을 해야할지 말씀하시지 않았습니다(에녹1서 9:11).

천사들은 하나님을 질책하는 말을 한다. 그들은 인간들 가운데 야기된 혼돈과 땅 위에 만연한 악의 지배를 대하면서도 침묵하는 그분을 비난한다. 묵시론은 인류가 재난과 폭력 가운데 살아가는 것을 탓하며 선에 대한 보상에 의문을 제기한다. 우리는 여기서 기원전 마지막 몇 세기에 있었던 상황, 다시 말해 시서들의 저자 집단들 사이에서 중대한 것으로 판단되고 전통적 지혜의 공리에 대한 냉정한 반증으로 인지 되었던 상황이 반영되고 있음을 볼 수 있다. 가인에 의한 아벨의 살해는 이러한 문제를 잘 보여주는 상징적인 에피소드가 된다. 다시 "파수꾼의 서"에서 저자 집단은 선한 행위의 보상에 대해 의문을 표하며, 인류의 역사가 시작되면서부터 사회적 관계들 가운데 악이 창궐했음을 상기시킨다. 이 아담의 아들들이 피조세계가 매우 빠르게 타락했다는 관점을 입증한다는 것이다(에녹1서 22:5-7).

> ⁵거기서 나는 한 죽은 사람의 영혼을 보았는데, 그의 고발과 한탄이 하늘에 이르렀다. 그는 울며 원망했다. ⁶그때 나는 함께 있던 거룩한 파수꾼 라파엘에게 물었다. "고발과 한탄의 소리가 하늘까지 이를 정도로 울부짖는 저 영혼은 누구의 영혼입니까?" ⁷그가 대답하여 말하기를, "자기 형제 가인이 살해한 아벨에게서 나온 영혼이다. 아벨은 가인의 뿌리가 땅의 표면에서 사라지고 인간의 뿌리에서 지워지기까지 가인을 고발하였다"(에녹1서 22:5-7).

자신의 책임이 없는 아벨의 죽음과 그의 형제에 대한 처벌의 부재는, 무고한 죽음과 처벌 받지 않는 악의 예가 된다. 이 에피소드는 지혜의 가르침을 침식한다. 그러므로 이 묵시론은 악의 승리와 정의의 실패라는, 세계의 운행이 어긋나던 그 당시의 상황을 확인해 준다. 에스라4서는 70년에 있었던 로마에 의한 예루살렘의 멸망과 같은 당시 유다 지역의 정치적 상황에 대해 의문을 제기한다(에스라4서 3:29-31).

> ²⁹여기에 왔을 때, 저는 셀 수 없이 많은 불경건을 보았고, 저 자신이 30년 동안 수많은 죄인을 보았습니다. 제 마음은 동요했는데, ³⁰저는 당신(주님)께서 이 죄인들을 참으시고 불경건한 자들을 용인하시며, 당신의 백성을 망하게 하시지만 당신의 적들을 보존하셨

기 때문입니다!ˢ¹당신은 이 길이 어떻게 버려지게 될 것인지 누구에게도 알려주지 않으셨습니다. 바벨론의 행위가 시온의 행위보다 나은 것입니까?(에스라4서 3:29-31)

묵시 문학에서는 또한 희망의 흔적을 찾을 수 있다. 말하자면, 세계의 윤리·도덕적 질서는 종말의 때에 돌아올 것이다. 이런 이유로 혼돈은 일시적이다. 종말의 때에, 에녹의 비유(Paraboles d'Hénoch)가 확언하는 것처럼, 악인들은 절멸될 것이다(에녹1서 102:3).

> 너희 죄인들아, 너희는 영원히 저주받을 것이며, 너희에게 평안은 없다(에녹1서 102:3).

그러나 같은 본문의 후반부에서는 정의로운 자들이 자기에 행위에 따라 보상을 받는 다른 관점을 전복한다(에녹1서 102:4-11).

> ⁴두려워하지 말라, 정의로운 자들의 영혼들(âmes)아! 용기를 가져라, 너희 죽어버린 경건한 자들아! ⁵너희 영혼들이 슬픔에 잠겨 스올(셰올, Shéol)²로 내려갔고, 너희 육신(corps de votre chair)이 너희 경건함에 맞게 [보상을] 얻지 못했다고 슬퍼하지 말라. 너희가 산 날들은 죄인들과 땅 위의 저주의 날들이기 때문이다. ⁶너희가 죽을 때, 죄인들은 너희에게 말한다. "경건한 자들이 운명에 따라 죽을 때, 그들은 자기 행위로부터 무엇을 얻었는가?" ⁷보라, 그들이 슬

---

2 세계를 하늘과 땅, 지하로 나누는 유대교의 세계관에서 사람이 죽은 후에 가서 쉬는 지하를 지칭하는 말이며, 원래 여기에는 형벌이 주어지는 지옥 같은 의미는 없었다.

품과 어둠 속에서 죽는다면, 그들이 우리보다 나을 것은 무엇이란 말인가? **⁸**앞으로 그들은 일으켜져(se lèvent) 구원을 받을 것이며, 영원히 빛을 보게 되리라는 것이다! 그러나, 보라, 그들은 죽었고, 이제부터 영원히 빛을 보지 못할 것이다. **⁹**이런 이유로 우리에게는 먹고 마시고, 빼앗고 죄를 짓고, 훔쳐서 부자가 되어, 즐거운 때를 보내는 것이 좋다. **¹⁰**보라, 스스로 정의롭게 여기다가 파멸에 이른 자들을. 그들이 죽기까지 가운데 어떠한 정의도 눈에 띄지 않았다. **¹¹**그들은 마치 없었던 자들처럼 되어 사라질 것이며, 그들의 영혼은 고통 가운데 스올로 내려갈 것이다(에녹1서 102:4-11).

이 텍스트는 사람들의 운명이 죽고 나면 정의로운 자든 악인이든 똑같다고 선언한다. 모든 영혼이 지하 세계인 스올(*Shéol*)로 내려가서 다시 그곳에서 빠져나오지 못한다. 그러므로 살아있는 동안 선한 행위를 하고 윤리적 교훈을 따르는 것은 아무 쓸 데 없는 짓이라고 말이다. 이 텍스트에 따를 때, (영혼의 그리고/혹은 몸의) 일으켜짐(relèvement)을 통해 삶으로 돌아옴 즉 부활(résurrection)은 죽은 자들에게 사실로 드러나지 않는다. 죄인들은 정의로운 자들이 가진 부활에 대한 믿음을 조롱하는데, 이는 그들이 그 증거를 알지 못하기 때문이다.

따라서 이 구절에는 어떠한 신적인 정의도 없고 사후의 보상도 없다. 하지만 그 논변은 새로운 것이 아니며, 코헬렛(전도서, *Qohélet*)이나 또는 솔로몬의 지혜서(la Sagesse de Salomon, 2-4장) 같은 지혜 문학 관련 기록들에서도 찾을 수 있다(지혜서 2:1-2). 예를 들어, 이어지는 발췌문을 살펴보도록 하자(지혜서 2:1-2).

¹실제로 그들은 거짓된 이유를 들어 이렇게 뇌까린다. "우리 인생은 짧고 슬프다. 끝에 이르면 어쩔 수가 없으며, 저승(하데스, Hadès)에서 돌아온 사람은 아무도 없다. ²우리는 갑작스럽게 태어났고 (죽은) 이후에는 마치 존재하지 않았던 것과 마찬가지다. 우리의 코로 쉬는 숨은 연기일 뿐이고, 생각은 심장의 고동에서 나오는 불꽃에 다름 아니다"(지혜서 2:1-2).

정의로운 자들에 관한 죄인들의 동일한 조롱을 발견할 수 있다. 이 구절은 선한 행위의 보상이 주어질 가능성을 부정한다. 왜냐하면, 정의로운 자는 죽어서 죽은 자들의 영역에서 돌아오지 않기 때문이다. 인간은 동물과 다를 바 없는 운명을 갖는다. 하지만 앞에서 인용한 두 문구 사이에 차이가 있음을 파악해야 한다. 솔로몬의 지혜서에서 인용된 구절은 인류와 그 운명에 대한 비관주의적 전망을 표현한다.

시적 텍스트는 이러한 전망을 넘어서 그로부터 윤리적인 결과들, 다시 말해 일상에서의 인간의 행동에 관한 결과들을 도출해 낸다. 그런 점에서 이 텍스트들은 몇몇 지혜 집단들 가운데 있는 회의론적인 태도를 더욱 확장한다. 이 텍스트들이 주장하는 바에 따르면, 인간은 [선한 행위에 대해] 기대할 수 있는 보상이 없기 때문에 자기에게 선하다고 여기는 대로 행동할 수 있다. 이러한 관점은 죄인들의 관점으로서 아마도 서력 전환기에 유대인들 중 일부가 취했던 의견일 것이다.

지혜 집단들이 취한 회의주의(혹은 통찰력)는 전통적 지혜를 부인하는 데 이른다. 그러니까 묵시론은 몇몇 지혜서의 구절들에서 이미 읽을 수 있는 어떤 회의주의를 확장함으로써 전통적인 지혜에 의문을 제기한다. 하나는 시 문학에서 그리고 다른 하나는 지혜 문학에서 가져온 위의 두 발췌문에 주의를 기울인다면, 우리는 이 텍스트들의 저자 집단들이 전통적인 지혜를 비판함에 있어 가진 주된 관심사가 무엇이었는지 자문할 수 있을 것이다.

위의 두 사례에서 인용된 구절들은 지혜의 적대자들의 논리를 차용하는데, 이는 이 논리 의 부조리함을 뒤이어 증명하기 위함이다. 우리는 새로운 형태의 지혜를 선언할 수 있을 것이다. 즉 영원한 고통을 당하도록 저주받은 악인들과는 달리 정의로운 자들은 죽음 이후에 영원하고 행복한 삶으로 보상을 받는다는 지혜를 말이다.

살아있는 동안, 정의로운 자들은 조롱과 박해를 당하지만, 죽음 이후에 이들은 그 보상을 희망할 수 있다. 경험 또는 실험에 기초한 지혜는 묵시론이라고 규정될 수 있는 지혜를 위해 내던져져야 한다. 왜냐하면, 그러한 지혜가 신적인 계획과 지혜가 나타나는 비밀의 계시라는 틀 안에 자리하기 때문이다.

이와 유사한, 전통적인 지혜에 대한 의문에 대한 표현은 계시 문학 바깥에서도 찾을 수 있으며, 특히 욥기나 전도서를 생각해 볼 수 있겠다. 하지만 이 책들에서 땅 위에 악이 존재하는 문제에 대한 대답들은 묵시론에서 발견되는 대답들과는 다르다. 예를 들어, 욥기는 하나님의 지혜가 인간의 지혜에 대해 가지는 우월함을 단언한다(욥 38: 1-42, 6).

종교의 역사에서 흔히 그렇듯, 문학적인 장르는 한가지 관념에 엄격하게 제한 되지 않으며 하나의 동일한 관념이 복수의 문학적인 장르에서 발견될 수도 있다. 예컨대 욥기의 중심적 관념과 유사한 것 읽어낼 수 있는 곳은 인간과 하나님 사이의 환원 불가능한 차이에 대해 서술 하는 바룩2서(le Deuxième livre de Baruch)다.

⁸그러나, 나의 주님, 누가 당신의 판단을 따를 수 있겠습니까? **⁹**누가 당신의 길의 가치를 평가할 수 있습니까? 누가 이해할 수 없는 당신의 결정을 이해할 수 있겠습니까? 인간들 중에 누가 당신의 지혜의 처음과 끝을 발견했단 말입니까? **¹⁰**우리 모두가 숨길과 같이 덧없습니다. **¹¹**숨길이 자기 뜻과 다르게 오르며 또 왔다가 가는 것처럼, 자기 뜻에 따라 걷지 않으며 마지막에 그들에게 닥칠 것이 무엇인지 알지 못하는 사람들의 본성도 그와 같습니다(바룩2서 14:8-11).

인간은 하나님의 지식에, 그분의 계획(가르침[사해 사본], 신비[사해 사본])에 다가갈 수 없다(에녹1서 93:11-13, 에스라4서 4:1-11; 5:31-40). 시 문학 내부나 외부에서 전통적인 지혜는 비판받으며 또한 의문의 대상이 된다. 그러나 다른 유대교 집단들은 묵시 문학에서 나타나는 '하늘에 숨겨진 지혜'라는 개념에 반대한다. 서력 기원 이전의 마지막 몇 세기 동안, 우리는 이러한 형태의 지혜에 대해 거의 감춰지지 않은 비판들을 발견한다.

집회서(벤 시라의 지혜)는 지혜가 거하는 장소에 관한 이 같은 논쟁을 언급한다(집회서[헬라어] 24:1-12).

¹지혜는 스스로 자신을 찬미하고, 군중들 속에서 자기 영광을 드러낸다. **²**지혜는 지극히 높으신 분의 집회에서 입을 열고, 그분의 권능 앞에서 자기 영광을 드러낸다. **³**"나는 지극히 높으신 분의 입으로부터 나왔으며 안개와 같이 온 땅을 뒤덮었다. **⁴**나는 높은 하늘에서 살았고 나의 보좌는 구름기둥 위에 세워진다. **⁵**나 홀로 높은 하늘을 두루 다녔고 심연의 밑바닥을 거닐었다. **⁶**바다의 파도와 온

땅 위에, 모든 민족과 나라 위에 내 힘이 펼쳐졌다.[7] 나는 이 모든 것들 가운데 쉴 곳을 구했으니, 어느 곳에 자리잡을 수 있을까?[8] 그때 온 누리의 창조주께서 나에게 명령을 내리셨으니, 나의 창조주께서 내가 살 곳을 정해 주셨다. 그분이 말씀하시기를, "야곱의 땅에 네 집을 정하고 이스라엘에서 네 유산을 받아라."[9] 시간이 시작되기 이전에, 그분은 나를 만드셨고, 나는 세세토록 살아있을 것이다.[10] 그분이 계신 거룩한 집 안에서 나는 그분을 섬겼고, 이렇게 해서 나는 시온에 살도록 정하게 되었다.[11] 주님은 사랑하시는 이 도읍에 나의 안식처를 마련하셨고, 예루살렘에서 나는 지배권을 행사하게 되었다.[12] 나는 영광스러운 백성 가운데 뿌리를 내렸고, 주님의 몫에서 내 유산을 찾는다(집회서[헬라어] 1-12장).

지혜가 창조 당시로부터 신에게서 유래 했다면, 지혜는 하늘에 자리했을 것이다. 그러나 지혜는 이제 땅 위에 거주한다. 마찬가지로 바룩서(le livre de Baruch)가 이러한 견해를 요약한다(바룩서 3:37-38).

[37]그분이 모든 지혜의 길을 찾아내시어 당신의 종 야곱과 당신의 사랑을 받는 이스라엘에게 보여주셨다.[38] 그리고 나서야, 비로소 땅 위에 지혜가 나타나게 되었고 사람들 가운데 살게 되었다(바룩서 3:37-38).

이 구절은 은연중에 하늘에 숨겨진 지혜를 찾는 것이 부질없는 짓이라고 선언한다. 이에 따라 지혜서를 기록한 집단들 내부에는 논쟁이 있게 된다. 왜냐하면, 에녹1서의 다른 구절에서는 이러한 관념이 명시적으로 반박되기 때문이다 (에녹1서 42:1-3).

> ¹지혜는 거주할 곳을 찾을 수 없었고, 그 처소는 하늘에 있었다. ² 지혜는 인간의 아들들 사이에 살려고 찾아 왔으나 처소를 찾지 못하고, 자기 장소로 돌아가서 천사들 사이에 자리하였다. ³그 이후로 죄악이 자기 방에서 나왔고, 구하지 않았던 것을 찾게 되어 사막의 비나 메마른 땅 위의 이슬 같이 그 가운데 머무르게 되었다 (에녹1서 42:1-3).

이 구절들을 읽음으로써, 이 세계에서 지혜가 머무르는 장소와 지혜서들의(sapiential) 메시지에 도달할 수단에 관한 논쟁이 실재 하였음을 알게 된다. 묵시론—이미 언급한 것처럼 하나의 학파와 같은 것이 아닌—은 이 논쟁에 참여하여 지혜가 하늘에 숨겨져 있다는 견해를 주장한다. 이 논쟁에서 드러나는 것은 땅의 지혜는 사람들 각자가 정의로운 삶의 경험이나 실험을 통해 얻을 수 있는 것이며, 하늘의 지혜는 인간들에게 숨겨져 있고 계시의 대리자를 통해 그 실체가 전달 된다는 것이다.

전자에서는 인간과 그 장래에 대한 낙관적인 전망이 나타나며, 후자에서는 인간의 운명이 허용되지 않음에도 악과 뒤섞일 수 있다고 판단된다. 이 후자의 경우에 종말의 때에 있을 하나님의 심판이 중요하다. 왜냐하면, 정의로운 자는 모종의 보상을, 다시 말해 그의 선한 행위에도 불구하고 땅 위의 삶에서 그에게 주어지지 않은 보상을 바라기 때문이다. 하지만 전통적 지혜와 시적 지혜는 매우 급격하게 대립될 수 없는데, 이는 이 두 가지 지혜가 하나님의 메시지를 전하는 목적을 가지는 탓이다.

전자에 있어 관건은 세계의 질서와 자연에 대한 인식이며, 후자에 있어 관건은 숨겨진 비밀들이다. 논쟁에 뛰어든 유대교 집단들은 그들이 반대하는 지혜의 형태에 대한 부정에 이르지 않는다. 실제로 어떤 형태의 지혜를 선택하든, 그것은 신적인 메시지에 이를 수 있도록 하며 이런 이유로 많은 경우 여러 텍스트들에는 양쪽 모두 반대편의 지혜의 관념이 미묘하게 나타난다.

예컨대 집회서(벤 시라의 지혜)는 서기관(율법학자)을 "주님의 비밀을 검토할" 자로 그려내며(집회서[헬라어] 39:7), 에녹1서에 포함된 에녹의 편지(l'Épître d'Hénoch)는 거짓 계시를 전달한 서기관들을 공격한다(에녹1서 104:10-11).

> [10]그리고 나는 그 신비를 알고 있다. 죄인들은 진리의 말을 왜곡하고 고쳐 쓰며, 이를 대부분 변질시키고 거짓을 말하며, 큰 공상을 만들어내고 그들 자신의 말로 책을 쓴다.
> [11]그저 진실로 내 모든 말을 그들의 이름으로 기록하고, 이 말들을 바꾸지 않으며, 내가 그들에게 증언한 모든 것을 정확하기 기록하기만 한다면 (더 바랄 것이 없을 것이다)(에녹1서 104:10-11).

요컨대, 우리는 두 입장 간에 완전하게 맞서는 대립을 이야기할 수 없다. 그 논쟁은 신의 말씀의 지위에 대한 것이 아니라, 이에 접근할 수단과 세계의 이해에 대한 것이다. 그 논지들을 개괄하자면, 땅 위에서 지속되는 악의 현존은 전통적인 지혜에 의문을 던지며, 하늘에 숨겨진 비밀들에 대한 추구는 이들을 이해하는 데 있어 드러나는 인간 지성의 한계에 부딪히게 된다. 지혜 관련 문서들과 묵시적 문서들의 기록자 집단은 이 논쟁을 알았고, 지혜의 학파들이나 문학 장르들 간의 대립으로 환원될 수 없는 다양한 입장을 취한다. 이에 따라 지혜와 이에 관한 논쟁들은 고대 유대교에서 시적 이상들의 기록에 상당한 영향을 미치게 된다.

제4장

종말의 때에 있을 인간의 심판과 희망

　세계의 종말에 관해 끝없이 이어지는 예고들에는 각각의 신앙에 따라, [그러한 종말이] 각 사람이 땅 위에서 사는 동안의 행위에 따라 하나님 혹은 여타의 신들에 의한 심판을 받게 될 마지막 순간이라 보는 시각으로 가득하다. 그러나 여기에는 흔히 예고된 세계의 종말에 앞서 회개하고 [각자의] 태도를 바꾸는 데 사용될 시간이 남아있다는 암시가 수반된다.

　새로운 시대(New age)라는 관점을 생각해 보면, 이런 암시는 시간을 가로지르는 어떤 공통적인 지점과 관련된다. [말하자면], 묵시론은, 지금까지 설명된 그 이론에 있어, 상당히 유사한 관점에서 하나님의 메시지를 선포한다. 마찬가지로 계시에는 하나님이 인간들을 벌하러 오기 전에 행동 양식을 바꾸라는 요청이자 권고로 가득하다.

　앞서 우리는 예언서들이 장차 다가올 하나님의 역사적 개입에 대해 확언하는 것을 살펴본 바 있다. 시적 텍스트들은 [예언서들의] 이러한 이상을 되풀이하지만 여기에는 중요한 차이가 있는데, 이를테면 시적 텍스트들은 하나님의 역사적 개입을 어떤 한 결정된 순간으로 종말의 때에 고정시킨다. [그렇다면] 우리는 이러한 시간상의 변화가 있는 이유들과 그러한 변화에 결부된 관념들을 탐구해 볼 수 있을 것이다.

1. 종말의 때에 있을 정의로운 자들과 죄인들의 심판

우리는 오늘날에 있어 "묵시"(apocalypse)라는 말과 "파국"(catastrophe)이라는 말 사이에 혼동이 있음을 관찰했는데, 이 혼동은 앞서 살펴본 것처럼 고대 세계에 뿌리를 둔 것이다. 마찬가지로 "시간의 종말"(종말의 때, fin des temps)과 "세계의 종말"(fin du monde)에도 비슷한 혼동이 있다. 만일 시가 비밀의 계시를 다루는 종류의 문학이라면, 그것은 종말의 때에 닥칠 일에 관한 중대한 비밀을 밝힐 것이다.

고대 근동 지역에서 시간(temps)은 보통 자연의 순환 주기(cycle)와 비슷한 것으로 인식되었다. 탄생과 성장의 시간이 있고, 죽음에 이르기까지의 쇠락의 시간이 있다. 이러한 자연과 동물들에 대한 기초적인 관찰에서 따온 이미지는 인간에게도 마찬가지로 유효하다. 인간은 태어나서 자라고 쇠퇴하여 죽는다. 이 순환 주기는 죽음과 함께 종결되지 않는데, 봄의 회귀와 함께 자연이 소생하기 때문이다. [물론] 동물들은 죽은 채로 남겨진다.

그렇다면 인간은 자연과 동물 중 어느 범주에 속하는가?

그래서 죽음 이후에 일어나는 일에 관한 입장이 요구된다. 고대 근동의 사람들은 죽은 자들이 땅 위로 돌아올 가능성 없이 정처없이 떠돌며 지하 세계에 머문다고 생각했다. 이러한 견해를 다른 방식으로 분명하게 말하자면, 죽은 자들은 이 지하 세계에서 사는데, 거기서는 몸(corps)은 소멸될 수 있지만 영혼(âme)이 존속하거나 혹은 몸이 삶으로 되돌려지거나 혹은 오로지 영혼만이 불멸로 유지된다.

오늘날 우리에게까지 도달한 유대교 텍스트들에는 다소간 분명하게 표현된 다양한 의견들이 있지만, 한 믿음이 다른 믿음보다 더 중요하게 여겨지지는 않았다. 이러한 다양성은 고대 근동의 문명들에서 인간이 죽음 이후에 땅 위로 돌아온 일이 없다는 증명된 사실에서 유래한다.

그러므로 중요한 것은 환생(réincarnation)이나 땅 위의 삶으로의 복귀가 아니다. 이러한 실존적인 문제로부터 점진적으로 시간의 구조와 인간의 시간이 순환적이지 않다는 사실에 관한 문제 제기가 있으며, 오히려 시간에 대한 선형적 관점이 출현한다. 즉 우리는 기꺼이 시간의 나선형적 이해를 이야기하게 된다. 사실상, 우리는 시간의 시작을 세계와 인류의 시작으로 인식하며 이는 바로 창조의 순간이다. 반대로, 시간의 종말은 세계나 인류의 종말로 인식하지 않으며 이에 대한 인식은 오직 하나님만이 가지고 있다.

묵시론은 이 순간에 관한 비밀을 드러내고자 하며 그래서 점점 더 정확하게 이 마지막 순간들을 설명하고자 노력한다. 이것이 우리가 행복하거나 불행한 모든 일련의 사건들이 따랐던 창조를 그 출발점으로 하는 나선형적 시간 개념을 상상할 수 있는 이유다.

우리는 사실에 대한 규명을 멈추지 않은채, 역사에 대한 이해를 발전시킬 수 있을 때까지 그 사건들에 의미에 대해 질문한다. 이러한 관점에서 우리는 시간의 끝(이라는 말)에 담긴 의미를 검토하기 위해 각각의 예언적 징후나 혹은 해석된 징후를 있는 그대로 살펴

보게 될 것이다.

이때 시간의 끝(종말의 때)에 기초하여 어떤 진정한 담론이 구성된다. 그 담론은 "종말론"(eschatologie)이라고 명명되며, 이는 문자 그대로 마지막(역사의 순간)에 관한 이야기를 의미한다. 종말론적 담론들은 묵시와 묵시론의 정의를 비밀들의 계시로, 특히 종말의 때에 일어나게 될 일의 비밀의 계시로 완성할 정도로 묵시 문학 속에 빈번하게 등장한다. 그러나 또한, 이미 인용된 구절들의 독해에서 시적 관심사들은 배타적으로 종말의 때에 관한 것 만은 아니라는 것을 지적해야 할 터이다. 따라서 종말론은 묵시나 묵시론으로부터 그 정의상 분리되어야 한다.

예컨대 희년서(Livre des Jubilé)는 23장을 제외하고 우선적으로 토라의 요구 사항들에 일치하는 율법에 대해 논의한다. 사해 인근의 동굴들에서 발견된 '성전 두루마리'(Rouleau du Temple)는 신명기의 율법에 대해 이야기한다. 이 문서는 종말의 때(시간의 종말)에 대해 다루지 않는다. 하지만 시간의 종말에 관한 담론이 묵시론의 생산자 집단들의 관심사들 가운데 선택받은 자리를 차지하고 있었다는 점은 분명하다.

주요 시서들에서는 종말의 때에 있을 하나님에 의한 인간의 심판이라는 개념이 나타난다. 이러한 심판—이미 예언들에서도 고지되었으나 역사에서 다른 순간들에 선포되었던—은 오직 시서들에서만 종말의 때에 위치한다. 이 [종말의] 순간에 관해 많은 계시들이 주어지며, 그것들이 모두 일치하지는 않으나 그럼에도 어떤 일반적 도식이 그려질 수 있다. 에녹1서의 예가 인상적이다. 왜냐하면, 종말론적 심판이 있을 것을 확언하고 이에 대해 묘사하는 여러 환상들이 실려있기 때문이다. 에녹1서 90:20-27의 발췌문은 종말의 때에 올 것으로 기대되는 심판과 관련된 다양한 시적 주제들을 계승한다.

> **20** 또 나는 매력적인 땅(pays délicieux)에 보좌가 마련되어 있고 양들의 주님(Seigneur des moutons)께서 그 보좌에 좌정하시는 것을 보았는데, 그분께서 모든 봉인된 책을 드시자 이 책들이 양들의 주님 앞에 열렸다. **21** 주님은 이 하얀 색의 첫 번째 일곱 사람(sept premiers hommes blancs)을 부르셔서, 먼저 말의 사지(四肢, les membres des chevaux)와 같은 사지를 가진 그 별들에 앞서 첫 번째 별을 그분 앞에 데려오도록 명령하셨고, 그들은 그러한 별들을 그분 앞에 가져왔다. **22** 그리고 주님은 그분 앞에서 기록하는 자이자 하얀 색의 일곱 사람 중 한 사람인 자에게 말씀하셨다. "이 70명의 목자(soixante-dix pasteurs)를 데리고 가거라. 나는 이들에게 양을 맡겼는데, 이들은 명령한 것보다 더 많은 수를 죽였다." **23** 그리고 나는 그들이 모두 묶인 채로 그분 앞에 서 있는 것을 보았다. **24** 그래서 심판은 먼저 별들에 대해 실행되었는데, 그들은 심판을 받고 유죄가 되었다. 그들은 심판의 장소로 끌려가서 불타는 불과 불 기둥으로 가득한 깊은 구렁으로 던져졌다. **25** 그리고 70명의 목자들이 심판받아 유죄로 판결되었고, 이들은 이 타오르는 깊은 구렁으로 던져졌다. **26** 그 순간에 나는 땅 가운데 이와 비슷한 불로 가득한 구렁이 열리는 것을 보았다. 눈먼 양들이 끌려왔는데, 이들은 심판을 받고 유죄로 판결되었다. 그런 다음 이들은 타오르는 구렁에 던져져 불타올랐다. 이 골짜기는 그 집의 남쪽에 있었다. **27** 그리고 나는 그 양들에게 불이 붙어 뼈가타는 것을 보았다(에녹1서 90:20-27).

우리는 다니엘에서 보았던 하늘 위의 하나님의 보좌라는 주제를 다시 접하게 된다(단 7:9-10). 하나님은 "양들의 주님"(Seigneur des moutons)이라는 칭호로 불린다. 양들은 이스라엘 사람들을 가리키는데, 이는 고대 근동 지역에서 고전적인 것이라 할 수 있는 양떼(무리, troupeau)와 이들을 거느린 목자의 이미지를 활용한 것이다. 환상의 초자연적 성격은 이런 방식으로 확실히 드러난다.

우리는 하나님이 보좌에 좌정하는 것과 그가 이스라엘 사람들의 행위가 기록된 책들을 여는 것을 안다. 이때 중요한 것은 이 행위에 따른 심판이다. 다른 여러 계시들에서 빈번히 나타나는 하늘에서의 심판과 달리 [여기서는] 보좌는 땅 위에―"매력적인 땅"(pays délicieux)에―세워진다. 그 표현은 아마도 팔레스타인 지방이 아니며, 단지 땅 전체를 지칭하기 이해 사용되었을 것이다(에녹1서 1:4; 25:3).

하얀 색의 첫 번째 일곱 사람(sept premiers hommes blancs)은 에녹1서의 다른 구절들에서 등장하는 것과 같은 대천사들이다(에녹1서 87:2). 그들은 심판받을 자들을 하나님 앞에 데려오는 관리자의 역할을 한다. 심판의 전개는 고전적인 것으로 사람들은 심판을 받고 유죄 선고를 받은 후에 깊은 구렁(abysse)로 던져지는 방식이다. 먼저 별들이 소환되는데, 이들은 타락하여 [인간] 여자들과 함께 죄를 저지른 천사들을 나타낸다(에녹1서 86:1-6). 그들은 책(에녹1서) 앞부분의 몇 장에서 이미 심판을 내리기 위해 감금되어 있었다(에녹1서 87:1, 3).

다음은 "70명의 목자"(soixante-dix pasteurs)의 순서다. 이 목자들은 아마도 열방(여러 민족들, nations)을 담당하는 수호 천사들(anges patrons)일 것이다. 이들은 이미 패배하였고(에녹1서 90:18-19), 그들이 심판받을 때를 알고 있다. 열방이 바벨론왕 느부갓네사르나 바사(페르시아) 황제 고레스(키루스) 2세에게 상기된 그대로 죄 지은 이스라엘 민족을 벌함으로써 신적인 계획을 완수하였지만, 여기서 그들은 하나님에 의해 주어진 권한을 넘어섰다고 질책 당한다. 실제로 열방은 하나님이 예견했던 것보다 더 많은 이스라엘 사람들을 죽였다.

따라서 이들은 이 허용되지 않은 살인들로 인해 유죄를 선고받는다. 그러므로 이 서사는 파수꾼들이라 불리는, 타락한 천사들이라는 피고인들을 거쳐 열방의 [수호] 천사들로 가는 진행을 보인다.

마지막으로, 범죄한 이스라엘 사람들—하나님으로부터 주어진 계명에 대해 "눈먼"—은 에녹1서의 다른 구절에 따를 때 예루살렘 남쪽 힌놈 골짜기(vallée de Hinnom)에 마련된 타오르는 큰 불에 떨어진다(에녹1서 26:1). 기록자 집단은 이 큰 불이 야기하는 고통을 강조한다. 이 본문 속에 차용된 고전적인 시나리오는 종말의 때에 있을 심판과 세계의 파멸 사이에 완벽한 일치가 성립하도록 하지 않는다. 심판은 오로지 죄인들의 돌이킬 수 없는 파멸로부터 진행되겠지만, 혼돈은 유지되지 않으며 세계의 질서에는 의문의 여지가 없다.

오히려, 하나님이 원하는 세계의 질서는 보존된다. 죄지은 천사들과 인간들에게 이어지는 심판과 형벌은 본질적으로 창조로부터 하나님에 의해 정립된 사물의 질서에 대한 존중을 확고하게 지키는 것이다.

어쨌든, 이 서사가 하늘이나 땅 위에서의 재앙과 관련된 것이 아님에도, [여기서] 우리는 [노아의] 홍수 이야기와 공통적인 지점들을 알아보게 된다. 예컨대 땅 위에 악이 팽배하여 슬피 우는 정의로운 자들에게 위해를 가하며(에녹1서 87:1; 90:11), 심판이 진행되는 동안 천사들은 하나님을 지키는 정리 역할을 하며 타락한 천사들은 심판을 받고 형벌에 처해지며, 곧이어 죄지은 천사들과 인간들이 심판을 받는다.

에녹1서 90장에서 인용된 구절을 기록한 저자 집단은 홍수 시나리오를 이루는 요소들로부터 영감을 받았을 개연성을 보여주지만, 그 시나리오를 직접적으로 암시하지 않는다. 아마도 이는 종말의 때에 형벌이 오직 죄인들에게만 예정되어 있음을 나타내는 것으로 여겨진다. 파멸을 나타내며 이에 기초한 그런 이미지들을 통해 시간의 종말은 급격하게 세계의 종말과 동의어가 된다.

하지만 시적 텍스트들은 한 가지 중요한 이유로 시간의 종말과 세계의 종말을 혼동하지 않는다. 그 이유는 그러한 텍스트들이 무엇보다 오로지 정의로운 자들만을 위한 사후의 보상에 대한 희망을 단언하는 기능을 하기 때문이다. 시적 텍스트들에는 엄청난 규모의 재앙으로 오는 세계의 종말에 대한 단언을 위한 지지대가 없다. 오히려, 이러한 텍스트들은 전적인 희망을 단언한다. [물론] 이것이 모든 인간에게 유효한 것은 아닌데, 그 이유는 죄인들이 절멸되는 탓이다. 그러나 인류 중 일부는 심판 이후에도 분명하게 존속한다. 바로 정의로운 자들이 말이다.

2. 정의로운 자들을 위한 죽음 이후의 삶

정의로운 자들의 운명과 죄인들의 운명 사이의 근본적인 구별은 종말론의 한 특징이다. 고대 근동 문명들을 따라 이스라엘 민족은 죽음을 [매장된] 몸이 지하 세계로 내려가는 이동으로 상상하지만, 삶의 반짝임 곧 후대에 "영혼"이라 불리게 될 생명의 숨결에 관한 개념에 있어서는 이를 사용하는 모든 집단에서 엄격히 동일하지는 않다. 죽은 자는 스올 곧 아래의 세계에서 방황하는 어렴풋한 그림자의 상태로 변하게 된다.

기원전 2세기가 시작될 무렵에 이르러, 에녹1서 일부와 다니엘의 묵시적인 기록들은 종래의 믿음과 구별되기 시작하는 듯 보인다. 이 기록들은 사후에 있을 [사람들] 각자의 심판을 에녹1서 22장에 실린 파수꾼의 서나, 에녹1서 90:10과 104:26에 실린 에녹의 편지에서 또는 다니엘 12:1-4에서 그려지는 심판과 같은 것으로 단언한다.

> **1**그 때에 네 민족을 호위하는 큰 군주 미가엘이 일어날 것이요, 또 환난의 시대가 있으리니, 이는 나라들이 생긴이래 그 시대까지 없던 환난일 것이며, 그 때에 네 백성 중 책에 기록된 모든 자가 구원을 받을 것이라. **2**땅의 티끌 가운데에서 자는 자 중에서 많은 사람이 깨어나 영생을 받는 자도 있겠고, 수치를 당하여서 영원히 부끄러움을 당할 자도 있을 것이며, **3**지혜 있는 자들은 궁창의 빛과 같이 빛날 것이요, 많은 사람을 정의로 돌아오게 한 자는 별과 같이 영원토록 빛나리라. **4**다니엘아 마지막 때까지 이 말을 간수하고 이 글을 봉인하라. 많은 사람이 빨리 왕래하며 지식이 더하리라 (단 12:1-4).

이 구절에서 특히 [그리고] 다른 인용된 구절들에서 영혼의 부활, 즉 죽음 이후 영혼의 일으켜짐이 단언된다. 이때 영혼은 하늘의 별과 같이 빛을 발할 것이다. 이러한 직유법이 나타내는 것은 하늘의 별들의 동료들이 되리라는 것이다. 죽은 자의 상황에 대한 이러한 구상은 헬라-로마 세계로부터 들어온 별들의 불멸성에 대한 구상으로부터 영향을 받은 것이었다. 예를 들어, 기원전 5세기, 그리스의 희곡 작가 아리스토파네스(Aristophane)는 이런 농담을 던진다. "사람들이 말하는 바, 우리가 죽으면 곧 별로 변모한다"(『평화』 [Paix], 832-834).

여기서는 죽은 자의 땅 위로 돌아옴이나, 죽음 이후의 영원한 삶에 대한 믿음이나, 몸의 부활이나, 단순히 시편 21:4-5에서와 같은 내세에서 오래토록 이어지는 긴 삶이 중요한 것이 아니다. 최초의 시적 텍스트들은 죽은 자들이 하늘에 들어가게 됨을 언급한다.

이러한 이상은 사후의 상황에 대한 구상에 있어 새로운 것으로 여겨지며, 에녹이나 엘리야 같이 성경에 따를 때 하나님에 의해 땅에서 하늘로 들려 올려진 이례적인 인물들의 경우는 이로부터 예외가 된다. 그 이상은 모든 죽은 자에게 적용되는 것은 아니다. 그것은 정의로운 자들 혹은 정의로운 자들의 집단에게만 예정된 것이다.

예를 들어, 다니엘 12:3에 등장하는 "지혜있는 자들"(마스킬림, *maskilym*)은 셀류오코스 왕조의 군왕 안티오코스 4세의 박해에 저항한 것으로 여겨진다. 그들의 저항은 이 텍스트를 따를 때, 그들에게 별들 사이에 머무르는 영원한 삶을 가져다 줄 것이다.

초기의 시 문학에서 가져온 앞에서 언급된 본문들은 종말의 때에 있을 영혼의 부활에 대한 믿음을 묘사하였다. 희년서의 23:30-31은 이 미래의 때와 이에 따른 믿음을 명확히 한다.

> **30** 그때에 주님은 자기 종들을 치유하실 것이며, 그들은 다시 일어나 큰 평화를 보게 될 것이다. 그들은 자기 적들을 쫓아낼 것이다. 정의로운 자들은 보고 감사하며 영원히 즐거워할 것이다. 그들은 적들에게서 형벌과 저주를 보게 될 것이다. **31** 그들의 뼈는 땅 위에 놓이고 그들의 영혼은 행복을 누릴 것이다. 그들은 주님이 심판을 실행하시는 분이지만 수백 수천에게 그리고 그분을 사랑하는 모든 이에게 은혜를 베푸시는 분임을 알게 될 것이다(희년서 23:30-31).

치유의 이미지는 삶을, 종말의 때에 하나님의 신실한 자들에 대한 구원을 나타낸다(렘 8:15; 14:19; 말라기 3:20[1]; 희년서 1:29; 에녹1서 10:7; 95:4; 96:3). 다시 일으킴에서 파생된 이미지가 동일한 시각 속에 내재되어 있는 것으로 여겨진다(에녹1서 96:2). 텍스트의 나머지 부분은 고전적으로 종말의 때에 있을 적들의 패배를 단언한다.

정의로운 자들은 이들의 패배를 즐거워하는 데, 그 이유는 하나님이 심판을 실행하기 때문이다. 몸은 땅 속으로 사라지고 죽음 이후에도 영혼은 존속하지만, 그럼에도 불구하고 영혼의 불멸성에 대한 믿음은 인식할 수 없다. 죽음 이후에 대한 시각은 기원전 2세기 초에 변화를 겪는다. 세대들의 승계와 조상들의 종교를 통한 국가의 번영으로부터 무덤 너머에 있는 모종의 영적인 실존을 향해 옮겨가는 것이다.

하지만 몸의 부활에 대한 믿음은 그 시기에도 이미 알려져 있었던 것으로 보인다. 마카비하 7장에서 고문을 당하여 [몸이 훼손되는] 자들은 죽음 이후에 원래의 흠없는 몸을 되찾을 수 있다는 희망

---

[1] 공동번역 기준. 개역개정 판으로는 4:2.

으로 스스로를 희생한다. 이 시기에 몸의 부활에 대한 믿음이 있기는 했지만, 이 믿음은 유대인들 대다수가 가진 믿음은 아닌 듯 보인다. 죽음 이후에 일어나는 영혼 부활에 대한 기대는 다니엘과 에녹1서 덕분에 당대의 텍스트들에서 입증된다. 시적인 텍스트들은 종말의 때에 있을 심판 중에 하나님 자신에 의해 선언될 징벌이나 보상을 통해 정의로운 자들과 죄인들 사이의 구별을 정당화한다.

죄인들은 영원히 끔찍한 고통 속으로 쓸려들어가 절멸되겠지만, 하나님의 계명을 따른 자들은 죽음 이후의 보상을 바랄 수 있을 것이다. 어떤 의미에서 계시된 비밀 중 가장 중요한 것은 죽음 이후에 삶을 계속할 능력이다.

삶과 죽음의 문제에 관한 성찰에 처음부터 별개의 사안이었던 다른 성질이 덧붙여지는데, 이는 하나님이 존재함에도 불구하고 어떻게 땅 위에 악이 있을 수 있는가 하는 문제에 관한 것이다. 이 두 가지 질문의 충돌은 죽음 이후 삶의 가능성에 관한 다양한 반응을 제공한다. 시적인 이상을 지지하는 집단들은 두 가지 견해를 연결짓고 그로부터 죽음 이후에 찾아올 어떤 지복의 삶을 연역해 낸다.

이는 필시 영혼의 부활일 것이며, 모든 사람이 아닌 오직 정의로운 자들을 위해서만, 일상의 삶에서 하나님의 가르침을 실행하려 노력했던 자들, 곧 하나님에 의해 규정된 선을 완수하는 자들을 위해서만 예정된 보상일 것이다.

오로지 정의로운 자들만을 위해 예정된 죽음 이후 삶의 표상은 서력 전환기에 점차 복합적인 구상으로 진화하여 더 이상 시적 이상의 지지자들에게만 해당하는 특권이 아니게 된다. [이에 관해서는] 특히 예수 운동에 소속된 최초의 공동체들을 생각해볼 수 있겠는데, 이들은 급속히 지중해 주변 지역에 자리잡아 나갔고 후대에는 기독교인들이라는 이름을 얻게 됐다. 이들에게 있어, 부활은 중심적인 믿음이 된다. 묵시론은 종말의 때에 있을 심판 이후 살아나게 될 자들을 위한 희망과 이 기한에 앞서 죽어 잠들어 있는 자들을 위한 희망이라는 이중의 희망을 선포한다.

3. 우주의 새로워짐

정의로운 자들과 죄인들에 대한 최종 심판은 흔히 우주의 새로워짐과 연결된다. 자세하게 보자면, 이 재생은 새로운 창조의 형태나 혹은 기존 세계 변환의 형태를 띠게 되는데, 이 두 형태가 서로 조합될 수도 있다. 묵시론에서 가장 오래된 텍스트들 중 하나는 에녹1서에 포함되어 있는 천문학 논고(Traité d'astronomie)다.

에녹1서 72-82장은 그 이름에서 알 수 있듯이, 천체의 운행에 관한 검토다. 이 텍스트는 필시 메소포타미아에서 기록되어 "농업의 별자리"(constellation de la charrue)," '물아핀'(MULAPIN)이라는 제목으로 엮인 훨씬 오래된 천문학(astronomie) 및 점성술(astrologie) 논고에서 영향을 받았을 것이다.

이 논고는 적어도 기원전 1000년까지 거슬러 올라가는 장구한 역사를 갖는다. 이야기는 별들(항성들)의 목록으로부터 점차 별들과 천체들의 운행에 대한 관찰로 옮겨간다. 천문학 논고는 이런 유형의 문서들을 모방하지만, 그로부터 이야기를 묵시적인 관심사들로 끌고 들어간다. 이 기록(livre)의 첫 부분은 책의 성격을 설명한다(에녹1서 72:1).

하늘의 빛들의 순환에 관한 책 - 그 빛들의 종류, 권력 관계, 시간, 이름에 따라서 나와 함께 있던 거룩한 천사이자 그것들의 인도자인 우리엘은 그것들의 유래와 달을 내게 보였다. 그것들에 관한 책 전체는 그(우리엘)가 내게 보였던 것과 일치하며, 이는 영원히 지속될 새로운 창조가 있을 때까지 세계가 매년마다 어떻게 될 것인지에 관한 것이다(에녹1서 72:1).

에녹을 천체의 운행을 관찰하는 자로 만드는 전승은 에녹1서 외에서도 나타나는데, 실제로 희년서는 그가 "그것들(천체들)의 달로 정해진 형식에 따라 하늘의 표징들을 책에 기록하여 인류가 그것들 각각의 달로 정해진 형식에 따라 매년의 계절들을 알 수 있도록 했다"라는 이야기를 전한다(희년서 4:17). 이는 아마도 [에녹1서에 포함된] 천문학 논고와 관련이 있을 것이다. 왜냐하면, 희년서에서 에녹에 관한 언급과 동일한 달의 날들, 달들, 계절들 및 표징들의 기록을 찾을 수 있기 때문이다.

이에 반해서, 이어지는 논의는 희년의 주년(周年)들과 한 해의 안식일들(1년에 52회, 한 주 당 한 차례의 휴일)에 대해 언급한다. 그러므로 희년서에 천문학 논고에 대한 암시가 있는지 확실히 알 수는 없지만, 그럴 개연성은 상당하다고 말할 수 있다. 연대상 일치하는 이 두 문서는 희년서 저자 집단의 편집 동기와 관련이 있다고 이해될 수 있다.

그 논의의 결말은 우리의 주제와 직접적으로 관련된다. 그 결말은 창조된 세계의 질서에 대한 준수(respect)를 그리고 "새로운 창조"(nouvelle création)의 출현을 단언한다. 세계의 질서는 역법(calendrier)의 엄격한 잣대로 통제된다. 천문학 논고가 364일로 된 태양력

역법에 특별한 중요성을 부여하기는 하지만, 어쨌든 음력의 주기를 부정하지는 않는다. 이 두 상태 사이에는 하나의 단계가 있는 듯 보이는데, 실제로 동일한 논고의 한 다른 구절은 천사 우리엘이 에녹에게 창조의 혼란을 보였다는 이야기를 한다(에녹1서 80:2-8).

계절과 수확, 천체들의 운행은 "죄인들의 때에" 혼란에 빠질 것이다(에녹1서 80:2). 다시 한번, 죄인들은 정의로운 자들과 구별된다. 이러한 창조의 전망에서 죄인들은 천체들과 자연의 격변에 관한 과오의 책임을 지게 된다. 그런 다음 정의로운 자들과 죄인들의 구별은 우주론적 전기를 맞으며, 실제로 우주는 고장을 일으킨다(déréglé). 죄악은 다시 말해, 창조 질서의 비준수(non-respect)는 창조의 타락(dérèglement)으로 표출된다. 죄악은 인류와 관계될 뿐만 아니라 천체 및 자연과 요컨대 피조 세계(création)와 관련되기도 한다.

"새로운 창조"라는 개념은 이미 "보라 내가 새 하늘과 새 땅을 창조하나니"(사 65:17)나 "내가 지을 새 하늘과 새 땅이 내 앞에 항상 있는 것 같이"(사 66:22) 등과 같은 이사야 구절들에서도 읽을 수 있다. 현재의 비참함은 하나님에 의해 예루살렘 조차 [다시] 세워질 행복의 시간으로 바뀌게 되며, 안식일들과 새로운 달들이 이 새로운 창조를 통해 속행될 것이다(사 66:23). 에녹1서에 포함된 "주들의 계시"에서 열 번째 주에 "원래의 하늘이 이(최후의 심판)으로 사라지고 새로운 하늘이 나타나, 하늘의 모든 권세는 영원히 일곱 배나 밝게 빛나게 될 것이다"(에녹1서 91:16).

이사야의 구절들에서 그런 것처럼, 하늘의 빛들은 피조 세계의 새로워짐에도 불구하고 계속되고 심지어 더 강화되기도 할 것이다. 이러한 이상은 [그렇게 말할 수 있다면] 새로운 창조라는 개념을 명확히 한다. 이 순간은 원래 있던 피조 세계의 파괴가 아니라 피조 세계의 강화로 표출된다. 그러므로 "새로운 창조"는 피조 세계의 새로워짐을 나타내며, 다른 피조 세계로의 교체를 나타내지 않는다. 이 개념은 다수의 시적 기록들(에녹1서 45:4-5; 희년서 1:29; 4:26; 바룩2서 32:1-6; 57:2; 에스라4서 7:75)과 예수 운동에 속한 텍스트들 (고후 5:17; 갈 6장; 벧후 3:5-15; 계 21:1)에서 되풀이 된다. 이런 면에서 말하자면, 마야인들은 상당히 가까운 시기에 새로운 창조가 있을 것이라고 생각했던 것이다.

천문학 논고의 종결부인 80장과 81장은 인용된 도입부의 내용과 저촉된다. 왜냐하면, 중요한 것은 더 이상 천체나 자연의 질서가 아니라 죄인들의 행위에 따른 그리고 또 그들의 징벌에 대한 고지와 소멸을 피하게 될 정의로운 자들의 구원에 따른 세계의 질서의 동요이기 때문이다.

에녹은 종말의 때에 관한 점성술적(astrologique)인 질서와 심판이 기록된 하늘의 서판들을 읽을 기회를 갖는다. 그는 또한 인간들의 행위가 기록된 책을 참조한다. 그래서 에녹은 이러한 정보를 인간들에게 전달하여 그들이 그로부터 아래와 같은 축복으로 요약 되는 새로운 행동 양식을 끌어낼 수 있도록 해야 하는 책임을 갖게 된다 (에녹1서 81:4).

> 정의롭고 선하게 죽은 자는 복되다. 그에 대해 어떠한 불경건의 책도 기록되지 않았기에, 심판의 날을 보지 않을 것이다 (에녹1서 81:4).

이 두 장은 아마도 천문학 논고에 어떤 관점을 부여하기 사후에 덧붙여졌을 것으로 보이는데, 그 목적은 명확하다. 즉 그것은 우주와, 더 나아가 피조 세계의 새로워짐을 고지하려는 것이다. 이때 역사의 숨겨진 의미가 드러난다. 종말의 때에 있을 피조 세계의 새로워짐을 알기 원하고 심판의 날을 무사히 지나기 원한다면, 하나님의 가르침에 따라서 행동해야 한다는 것이다. 이 본문에서는 보상으로서 주어지는 죽음 이후의 삶이 중요하지 않다. 관건은 오직 파멸이라는 최대의 심판을 피하는 것이다. 이러한 천문학 논고의 전개에는 묵시론과 종말론의 관계에 대한 교훈이 풍부하게 나타난다.

문제의 논고는 메소포타미아에서 분명하게 나타나는 예언(divination), 곧 역술적인 지식(sagesse mantique)과 일치한다. 사람들은 해와 달이 전열(前列)에 배치되는 별들의 운행으로부터 장차 올 미래를 알고자 한다. 이러한 예언의 지식(sagesse)은 신적인 비밀들을 사실로 확인하는 것을 목적으로 삼는 시적인 지식과 상당히 유사하다. 그 중대한 비밀들 중에는 하나님이 인간을 심판하러 도래하게 될 때가 언제인지 그리고 죽음 이후의 삶이 정말로 있는 것인지에 관한 고민스러운 질문들이 있다.

천문학 논고는 보통 기원전 3세기까지 연대가 거슬러 올라간다고 추정된다. 아마도 이 텍스트에서 이러한 예언과 비밀 계시의 지식에서 유대교의 묵시적 기록(l'apocalyptique)의 유래를 알 수 있을 것이다.

이 책과 함께 다니엘(단 7-12장), "동물들의 계시"(에녹1서 85-90장)과 "주들의 계시"(에녹1서 93장 및 91장)을 검토한다면, 이러한 형태의 지식에 대한 종말론적 해석에 도움이 될 수 있다. 천문학 논고에 덧붙여진, 이 기록의 성격에 관해 이야기하는 도입부와 [에녹1서] 80장과 81장을 비교함으로써, 이에 대한 증거를 얻을 수 있다. 최후의 심판과 죄인들의 형벌, 우주의 새로워짐을 담고 있는 종말론적 담론은 시적 기록의 주요 주제가 된다.

이러한 주제는 예언의 지혜(지식, sagesse)와 비밀의 계시 사이에서 성경상의 예언과 기원전 2세기에 현존하던 시간에 대한 부정적인 인식 사이에서 일어난 충돌로부터 유래한 것이다.

4. 오지 않는 종말의 때

묵시론은 기원전 2세기로부터 역사의 의미를 부여하려는 시도다. 종말의 때에 관한 담론은 하나님이 선한 상태를 만들 수 있고 믿는 자들에게 순전한 충실함을 요구함에도, 땅 위에 만연하는 용납할 수 없는 악의 현존을 이해하고 받아들일 수 있도록 한다. 내세의 삶을 통한 보상이라는 개념은 모종의 희망과 세계의 질서에 대한 이해의 열쇠를 내놓는다. 그러니까 최후의 심판은 죄악이 지배하는 현재의 시간과 창조의 질서가 재정립되어 새롭게 되어 도래할 시간 사이의 이행이 일어나는 중요한 순간인 것이다.

심판의 기대는 인내의 시간을 암시한다. 모든 집단이 같은 정도의 인내심을 가지지는 않았던 것으로 보인다. 그래서 최후의 심판의 정확한 때를 알기 위한 계산이 성행하기도 한다. 다니엘의 기록자 집단은 분명히 느낄 수 있을 정도로 초조한 태도를 보인다. 이에 관해서는 이미 다니엘 9장을 인용했던 바 있다. (거기에서는) 바벨론 사람들에 의한 예루살렘 함락 70년 이후에 있을 해방을 고지한 예언자 예레미야의 예언이 수정되고 있다(렘 25:11-12; 29: 10).

70년은 일흔 번의 연주(年週, semaines d'années)가 되는데, 이는 햇수로 490년 곧 49년마다 돌아오는 희년으로 열 번째 주년에 해당한다. 새로운 계산이 필요한 이유는 [예레미야] 예언자에 의해 고지된 70년이 지나서도 유대 지역에는 여전히 죄악이 팽배했던 탓이다.

그래서 두 가지 결론이 가능하다. 이를테면, 예레미야의 예언에 오류가 있다는 것이다. 즉 하나님의 말씀을 전한 예레미야의 능력에 관해 의심하거나 혹은 심지어 자신이 고지하는 것을 예레미야에게 설명하는 하나님 자신의 능력에 관해 의심하는 결론에 이르게 되거나, 그렇지 않다면 예언이 잘못 이해됐다는 결론에 이르게 된다는 말이다. 묵시론에 경도되어 있던 기록자 집단들은 훨씬 더 용인할만한(설득력있는) 두 번째 해답을 택했다.

하지만 다니엘 9장에 나오는 문제의 새로운 [시간] 계산은 종말론적인 심판으로 종결되지 않는다. 오히려 셀레오코스 왕국의 왕 안티오코스 4세라는 압제자의 죽음으로, 다시 말해 그 장의 기록과 동시대에 놓인 시기인 기원전 2세기 중엽에 종결된다. 그럼에도, 예고된 기간을 대상으로 하는 새로운 계산의 양상은 시간과 미래에 대한 어떤 한 가지 관념을 가져온다.

시적 [기록을 남긴] 집단들은 처음에 예고했던 기간이 기대했던 결과와 일치하지 않았을 때 새로운 계산을 제시하는 것을 망설이지 않는다. 이 집단들이 가진 예언서의 말씀들을 풀어내고 신적인 비밀들을 드러내는 역량은 이 텍스트들을 통한 시간에 재배열을 정당화시킨다.

그러므로 관건은 하나님의 말씀에 대한 반증을 의도하는 모종의 기획이 아니라, 하나님의 숨겨진 메시지를 다시 말해, 이전에 선조들이 잘못 이해했던 메시지를 재해독한다는 주장이다. 그리하여 시문학은 몇 가지 특정한 예언과 특별히 몇 가지 [시간] 계산의 수정을 유발 한다.

묵시적 개념에 적합한 이 형식을 넘어, 하지만 관련이 없지는 않게, 역사의 주기화(시기 구분, périodisation)는 시서들이 선호했던 또 다른 주제이다. 계시들은 흔히 주기들(시기들, péridodes)을 구분하기 위해 10이라는 수를 사용한다. 예를 들어, 무녀들의 예언집(Oracles sibyllins)[2] 1권, 2권 및 4권의 본문들은 10개의 왕국이나 세대로 나누어 구성된다. 70번의 "주(週)들"(年으로 이루어진) 혹은 "주기들"은 초기의 계시들에서 빈번히 나타난다.

예컨대 파수꾼들은 그 이름으로 불리는 책(파수꾼들의 서)에서 땅의 언덕들 아래에서 마지막 심판에 이르기까지 70세대 동안 감금된다(에녹1서 10:11-12). 이때 70세대라는 역사의 기간은 타락한 천사들과 최후의 심판 사이에 놓인 기간으로 표현된다.

사해 인근에서 발견된 한 텍스트는 이스라엘의 탈선의 시기를 70세대로 전한다(4Q180, 4Q181). [열두 조상의 증언들 중 하나인] 레위의 증언에서 가져온 한 다른 구절(16:1)은 "너희는 70년 동안 떠돌아다닐 것이"라는 이야기를 에녹의 책에서 읽었다고 주장한다.

레위의 증언을 헬라어로 배낀 필사자 집단이 에녹과 다니엘을 혼동했을 수도 있다. 만일 그런 경우라면 다니엘 9장의 구절을 암시한 것으로 보인다. 또한, 이 인용된 텍스트는 사해 인근에서 발견된 사본이 제시하는 것과 동일한 역사를 암시하는 것일 가능성도 있다. 그러나 불행히도, 이 문제의 텍스트는 단편만이 남아있다.

---

[2] 여기서 언급된 무녀들의 예언집은 원래 헬라나 로마의 신전에서 신탁을 전달하던 무녀 혹은 여성 예언자들의 예언을 기록한 책은 아니다. 이 책은 기원후 초기 수 세기에 대한 영지주의, 유대교, 기독교의 설화들이 간간이 끼여 있는 헬레니즘-로마 신화로 구성된 예언집이며, 상당히 계시적인 내용을 다루고 있다고 알려져 있다.

10이라는 수는 "주들의 계시"의 주기화를 위한 기초가 되기도 한다(에녹1서 93장과 91장). 아담은 10주라는 기간을 두고 파수꾼들의 타락에서 분리된다. 최후의 심판 이후, "셀 수 없이 많은 주가" 올 것이다(에녹1서 91:17). 이런 이유로 10주를 단위로 한 역사의 주기화(시기 구분)은 실제 역사보다는 더욱 상징과 연관이 있다. 게다가 각 주기(시기)의 지속 기간은 한 주에서 다른 한 주로 이행하는 데 있어 규칙적이지 않다.

70주기의 지속 기간도 마찬가지로 상징적이다. 왜냐하면, "동물들의 계시"는 유형 이후의 시기, 즉 바벨론으로의 강제 이주로부터 기원전 4세기를 거쳐 이 계시가 기록된 때인 기원전 2세기 중엽까지의 시기와 관련되기 때문이다.

다니엘 9장 역시 마찬가지인데, 우리는 7이라는 수와 10이라는 동일한 곱셈 단위를 사용함에도 서로 상이하게 풀려 나가는 연대기들을 관찰하게 된다. 그 주기화(시기 구분)의 시작은 묵시적인 기록들에 나오는 내용과 동일하지 않다. 오히려, 그 이야기의 내용은 이스라엘 사람들의 불충 혹은 징벌을 규탄하는 것이다. 그 연대기의 시작과 달리 그 시기의 끝은 잘 알려진 것처럼 정의로운 자들과 죄인들을 가르는 최후의 심판이다. 이 때는 보통 텍스트의 기록과 동시대에 속한 기간으로 제시한다.

이러한 현재와 종말의 시간 사이의 유비를 통해 의도하는 것은 독자들이나 청자들에게 임박한 심판의 공포를 일깨우고, 이로써 행동을 즉각적으로 바꾸고 하나님의 가르침을 순전히 받아들이도록 하는 것이다.

심판에 더 다가갈수록, 다니엘에 제시된 종말의 때의 연표는 보다 정확해진다. 네 짐승의 환상은 네 왕국의 심판으로 완성된다

(단 7:9-12). 그때 하나님은 책들에 기록된 각자의 행위에 따라 인간을 심판한다. 다니엘의 기록 시기와 동시대인 셀레오코스 왕국의 왕 안티오코스 4세(기원전 175-163년에 재위)는 머지않아 징벌을 받게 될 것이라는 고지가 전달된다. 같은 책(다니엘)의 마지막 장은 심지어 안티오코스 4세의 처형을 보기 위해 마지막 심판의 정확한 날짜를 구하기도 한다(단 12:1-13).

> ¹그 때에 네 민족을 호위하는 큰 군주 미가엘이 일어날 것이요, 또 환난(détresse)의 시대가 있으리니, 이는 나라들이 생긴이래 그 시대까지 없던 환난일 것이며, 그 때에 네 백성 중 책에 기록된 모든 자가 구원을 받을 것이라. ²땅의 티끌 가운데에서 자는 자 중에서 많은 사람이 깨어나 영생을 받는 자도 있겠고, 수치를 당하여서 영원히 부끄러움을 당할 자도 있을 것이며, ³지혜 있는 자들은 궁창의 빛과 같이 빛날 것이요, 많은 사람을 정의로 돌아오게 한 자는 별과 같이 영원토록 빛나리라. ⁴다니엘아 마지막 때까지 이 말을 간수하고 이 글을 봉인하라. 많은 사람이 빨리 왕래하며 지식이 더하리라. ⁵나 다니엘이 본즉 다른 두 사람이 있어 하나는 강 이쪽 언덕에 섰고 하나는 강 저쪽 언덕에 섰더니, ⁶그 중에 하나가 세마포 옷을 입은 자 곧 강물 위쪽에 있는 자에게 이르되 이 놀라운 일들의 끝이 어느 때까지냐 하더라. ⁷내가 들은즉 그 세마포 옷을 입고 강물 위쪽에 있는 자가 자기의 좌우 손을 들어 하늘을 향하여 영원히 살아 계시는 이를 가리켜 맹세하여 이르되, 반드시 한 때 두 때 반 때를 지나서 성도의 권세가 다 깨지기까지이니 그렇게 되면 이 모든 일이 다 끝나리라 하더라. ⁸내가 듣고도 깨닫지 못한지라 내가 이르되 내 주여 이 모든 일의 결국이 어떠하겠나이까 하니, ⁹그가

이르되 다니엘아 갈지어다 이 말은 마지막 때까지 간수하고 봉함할 것임이니라. ¹⁰많은 사람이 연단을 받아 스스로 정결하게 하며 희게 할 것이나, 악한 사람은 악을 행하리니 악한 자는 아무것도 깨닫지 못하되 오직 지혜 있는 자는 깨달으리라. ¹¹매일 드리는 제사를 폐하며 멸망하게 할 가증한 것을 세울 때부터 천이백구십 일을 지낼 것이요, ¹² 기다려서 천삼백삼십오 일까지 이르는 그 사람은 복이 있으리라! ¹³너는 가서 마지막을 기다리라. 이는 네가 평안히 쉬다가 끝날에는 일어나 네 유산을 누릴 것임이라(단 12:1-13).

현재의 시간은 "환난"(détresse)의 시간으로 규정된다. 정의로운 자들은 구원을 받아 되살아날 것이다. 천사 미카엘(미가엘)이 등장하지만 텍스트는 그의 역할을 명시하지 않는다. 그는 어쩌면 심판 중에 하나님을 대리하는 관리자의 역할을 할 수도 있겠으나 단순한 입회인이나 혹은 심지어 하나님의 심판을 실행하는 집행자로 있는 것일 수도 있다.

그리고 또 "다른 두 사람"이 서 있다. 그들은 다니엘서 앞부분에 등장하는 천사 가브리엘에게 덧붙여진다(단 10:4-5). 세마포 옷에 대한 언급을 강조한 것은 두 새로운 천사가 중요하는 점이다. 미카엘이 이 장 첫 부분에 호명되고 가브리엘이 다니엘의 내용 다른 곳에서 언급되기에 거기서 라파엘과 우리엘이라는 두 천사에 대한 언급이 있어야 하는 것이 아닌가 묻게 된다. 이 네 천사들은 천사장(archanges)이라고도 명명되는 천사들의 상위 계급을 구성하며 이들은 하늘에서 하나님의 가장 가까운 위치에 선다.

놀라운 일들이 언제 끝나는지 아느냐는 질문에 "한 때 두 때 반 때"라는 기간이 주어진다. 그 기간이 지시하는 것은 종말의 때에 이르기까지의 기간이 아니라, 안티오코스 4세가 자행한 예루살렘 성전 모독 및 역법(曆法)을 변경하고 유대교를 억압하려는 시도와 이스라엘의 하나님에 대한 새로운 제단의 봉헌 사이에 해당하는 기간이다. 그 기간은 다니엘의 다른 두 구절에 따른 3년 반과 일치한다(단 7:25; 9:27). 하지만 성전 모독이 종결된 시기의 계산과 안티오코스 4세의 사망 그리고 종말의 때 사이에 의도적으로 연출된 중의성을 배제해서는 안 된다.

9절의 "마지막 때"(종말의 때, temps de la fin, 'et qeṣ -קץ עת)라는 표현은 이러한 중의성을 나타내는 것일 수도 있다. 왜냐하면, 이를 성전 모독의 시작과 그 끝 사이의 기간으로 이해할 수도 있고 혹은 성전 모독의 시간과 종말의 때 사이의 시간으로 이해할 수도 있기 때문이다. 이런 흐름에서 마지막의 두 절은 1290일과 1335일이라는 일 단위로 표현된 두 가지 다른 기간을 부여한다.

우리는 첫 번째 기간이 안티오코스 4세의 억압의 끝을 나타내고, 두 번째 기간이 종말의 때가 오는 순간을 나타내는 것인지 묻게 된다. 다시 한번 이런 흐름에서 한 다른 구절이 1150일이라는 세 번째 기간을 부여한다(단 8:14). 이 마지막에 언급된 구절은 명시적이며, 그 기간은 성전의 모독과 회복 사이의 기간과 일치한다. 그 기간은 어림잡아 앞서 3년 반으로 나타내진 기간이다. 따라서 12장 말미에 나오는 두 기간은 아마도 3년 반을 성전 모독으로부터 갈라 놓으려는 것이다.

하지만 1290일 또한 이 시기와 일치할 수 있는데, 이 계산에 실제적인 태양의 운행과의 격차를 채우기 위해 달이 보충 추가되어 더해진다고 본다면 그럴 것이다. 1335일이라는 기간은 7주보다 약간 덜되는 날의 앞선 기간에 더한다면, 3년 반과 관련된 한 다른 형태의 계산이 될 수도 있다.

여러 다른 계산의 형태들이 있다고 생각할 수 있지만, [그럼에도] 이 서로 상이한 시간 계산들이 같은 구절에 병렬적으로 배치된 이유를 알기는 여전히 쉽지 않다. 왜냐하면, (이러한 텍스트를 통해) 정확한 날짜를 밝히는 것에 실패할 수 있기 때문이다.

또한, 어떤 한 서기(필사자)가 텍스트를 편집했으리라는 생각은 그 기간이 그의 당대에는 지나가고 환난의 시기가 사라지게 될 것이라는 점을 생각한다면 문제가 될 수 있다. 왜냐하면, 한 숫자를 다른 숫자로 바꾸는 것이 두 절 사이의 공간에 두 기간을 더하는 것보다 훨씬 쉽게 때문이다. 그럼에도, 하박국의 예언은 실제로 오지 않는 시간을 고려하고 그 시간을 기다리도록 권고한다(합 2:3).

> 이 계시는 정한 때가 있나니 그 종말이 속히 이르겠고 결코 거짓되지 아니하리라. 비록 더딜지라도 기다리라. 지체되지 않고 반드시 응하리라(합 2:3).

이 구절에 대한 설명은 사해 인근에서 발견된 사본에서 주어진다(1QpHab 7:9-14). 거기서는 "진리의 사람들"이 종말의 때를 "연기하는" 이런 호의를 입게 될 것이라고 단언한다. 이런 이유로 성전 모독이 끝난 날짜의 수정을 상정하는 가설과 종말의 때(시간의 끝)를 계산한 날짜라는 가설은 양립될 수 있다. 이를테면, 먼저 제시된 기간, 1290일은 성전 모독의 종결을 나타내는 것이고, 두 번째로 제시된 기간인 1335일은 종말의 때에 해당하는 것일 수도 있다.

12장 첫 부분에 단언되는 것처럼, 종말의 때에는 정의로운 자들이 구원을 받고 부활하게 될 것이다. 다니엘은 마지막 절에 따를 때 아마도 "종말의 때에" 그들(정의로운 자들) 중에 첫 번째 사람이 될 것이다.

기원전 1세기의 유대인 역사가 플라비우스 요세푸스(Flavius Josèphe)는 다니엘을 다가올 일들을 예언하고 그 실현의 계기를 부여하는 자로 만든다(『유대 고대사』[Antiquités juives10.11.7], 267). 다니엘의 종결부이기도 한 12장의 마지막 부분은 이러한 묘사와 부합한다. 12장은 여러 집단들이 종말의 때가 올 날짜를 그리고 특히 [그 동안] 당한 압제가 끝나는 날짜를 정확히 알고자 했음을 보여준다.

다니엘(서)은 최초의 묵시적 텍스트에 속하는데, 이는 그러한 관심사가 묵시론의 발전으로 인해 발생하지만 처음부터 있었던 것은 아님을 증명한다. 어쩌면 우리는 어떤 정확한 날짜의 추구를 묵시론의 토대에 놓인 예언의 지식 곧 점술의 지식과 연결지어야 할지도 모른다.

우리는 또한 예고된 종말의 때의 도래를 앞두고 시적인 이상들에 관련된 집단들이 가졌을 불안을 알 수 있다. 그들은 그때의 임박함을 단언하지만, 그 시간은 도래하지 않는 것처럼 여겨진다.

유대 민족의 정치·종교적 상황은 그들의 기대 반하였고, 종말론적인 기대와 예언들의 진실성을 증명하기 위해서는 새로운 계산이 필수적이었다. 예고된 기간의 지나가자 [묵시적 문서] 본문들의 재해석과 새로운 계산이 필요하게 되었다. 다른 텍스트들에서 이렇게 예고된 날짜가 빗나가는 문제에 대한 타개책이 발견된다. 그것은 종말의 때가 늦춰지게 되었지만 어쨌든 계속 기다려야 한다는 뜻이다.

그래서 우리는 사람들을 동요시켜 많은 논쟁이 일어나게 했던 믿음과 신앙 그리고 회의주의 사이에 어떤 암묵적인 경계가 있다고 추정한다. 또한 [거기서] 종말론이 표현되고 묵시론이 전개되는 배경적 요소들을 발견할 수 있다.

제5장

하나님의 권능에 대한 찬양, 위기에 대한 해독제

묵시론의 특징들이 입혀진 서판은 가장 기발한 문학적 양식 중 하나를 보여주는 데, 이것은 과거에 하나님으로부터 전해졌다고 여겨지는 메시지인예언들을 해석하거나 혹은 다시 쓰고, 보다 정확히 설명하거나, 신지영 수정하기를 망설이지 않는다. 묵시론은 더 이상 전통적인 지혜(지식, sagesse)를 뒤집어 놓기를 망설이지 않는데, [이 종래의 지혜는] 땅 위에서 장수하는 삶을 부여하는 선과 죽음이라는 귀결을 야기시키는 악에 대해 널리 알리는 것이었다. 묵시론은 또한 삶과 죽음 그리고 선과 악의 관계의 관하여 인류에게 새로운 전망을 부여 하기도 한다.

종말의 때에 있을 심판은 사람들 각자를 고양시킬 기다림의 지평이 되어, 선(善) 곧 하나님으로부터 주어진 가르침에 부합하는 행동양식을 받아들이도록 하는 것을 목격하게 된다. 시 문학은 또한 땅 위에 현존하는 악의 존재를 설명할 길을 모색한다. 묵시 문학은 창조로부터 하나님이 의도한 천체와 자연의 질서가 있음을 확언하지만, 현재의 시간에 땅 위에서 흔히 볼 수 있는 악은 세계의 질서를 손상시킨다.

묵시적인 기록들은 어떻게 이 질서가 재정립되고 심지어 피조 세계가 새롭게 되는지 이야기한다. 이러한 의미에 따라 자기 행동을 완수하는 자들, 즉 정의로운 자들은 죽음 이후의 삶이라는 보상을 얻게 될 것이다. 요컨대, 묵시론(l'apocalyptique)은 묵시서들(apocalypses) 간의 세세한 내용에서는 편차가 있을지라도 하나의 진정한 사유의 체계다. 신적인 비밀의 계시는 새로운 이상들을 정당화하는 데 있어 중심적인 근거가 된다. 새로운 이야기들은 기록 되고 이후 유대교에서 또 기독교와 이슬람교에서 풍부한 문헌들을 생산 해낸다. 우리는 묵시론의 출현과 묵시서들의 편집을 추동하는 근거들에 관해 질문해야 한다.

1. 운동이라기 사유의 조류

우리는 의도적으로 "묵시론적 집단들"(milieux apocalyptiques)이라는 표현을 사용했고, 이에 대해서는 잠시 설명하는 편이 바람직할 것이다. 한 권의 책의 기록은, 그것이 성경 내의 책이든 혹은 그 외의 책이든, 한 사람의 고립된 개인으로서의 저자가 어떤 작품을 만들어낼 목적으로 자기 자신의 생각들을 표현해 낸, [개인적] 성찰의 산물로 생각할 수 없다. 대신에, 텍스트를 남긴 저자들의 집단 혹은 편집자 집단이 있다고 생각해 볼 수 있다. 사해 인근에서 발견된 문서들에 대한 최근의 연구들은 우리가 히브리 성경 곧 구약성경에서 알고 있는 텍스트가 양피지나 파피루스 위에 단 한번의 저작/편집 행위를 통해 기록된 것이 아님을 보여준다.

실제로 동일한 성경 구절의 여러 다른 형태, 다시 말해 동일한 시대에 동일한 공동체 내에서 동등하게 인정받았던 여러 형태가 발견되었다. 그로부터 동일한 그룹이 동일한 구절의 여러 형태들에 대해 인정한다는 것에 어떤 의미가 있는가 하는 의문이 제기됐다. 신약성경 사본들에 대해서도 분명하게 같은 사실이 확인된다. 이 텍스트들은 오늘날에야 빛을 보게 된 사본들에 의해 뒷받침 된 문헌적인 역사를 갖고 있는 것으로 보인다.

사본들에 관한 연구들은 텍스트들이 서로 다른 다양한 시대에 기록되었고, 구절의 제거나 추가가 있었으며, 여러 상이한 사본들이 서로 조화를 이루거나 혹은 이러한 사본들 간의 경쟁에서 [서로 다른] 구절들이 나온 것임을 보여준다. [요컨대] 어떤 복잡한 편집의 과정이 나타나는 것이다. 이런 이유로 오늘날 최종적 형태의 사본으로 알려진 텍스트는 오랜 역사의 결실이라 할 수 있다.

그럼에도 표면적으로는 모든 책이 단 한 사람의 저자의 작품으로 제시되고 있다. 모세는 토라의 저자로, 각각의 예언자들은 각자의 이름이 붙여진 예언서의 저자로, 에녹은 그의 이름에 속한 책들 혹은 모음집들의 저자로 간주되며, 다니엘 또한 마찬가지다. [같은 책을 서로 다른] 사본들(manuscrits)과 그 안의 상이한 문구들(variantes) 혹은 그 다양한 판본들(versions)은 각각의 경우에 이 사람들이 바로 그 책의 정통과 전달되는 메시지의 진정성을 보증하기 위해 내세워짐을 보여준다. 따라서 [기록자] 집단들, 다시 말해 각각 상이한 시대에 기록을 남긴 서기관들의 그룹들이 있었다고 상상하는 것이 타당하다.

그 서기관 집단들의 공통점은 [자신들이 편집하는 문서들의] 서사 구조를 동일하게 유지하면서도, 거기서 [독자들이] 읽어내기 바라는 새로운 메시지를 삽입했다는 점이다. 이런 식으로 복수의 그룹들이 성경 속에 간직되거나 그러지 못한 책들의 기록(편집, rédaction)에 기여했다. 시간과 공간에 따라 나누어 산재하는 이 그룹들 전체는 이전에 있던 서사 구조를 자기 것으로 받아들인다는 의미에서 책의 편집자 집단 혹은 저자 집단을 형성한다.

"묵시론적 집단들"이라는 표현은 인정될 수 있는가?

이 말이 어떤 지식인 집단을, 다시 말해 공통의 이상들을 공유하는 사람들을 의미한다면, 묵시론적 집단이라 말한다 해도 과하지 않을 것이다. 그 전형적인 사례는 단 한 권의 책이라기보다는 오히려 다양한 계시들을 담고 있는 모음집이라 말할 수 있는 에녹1서다. 파수꾼의 서(에녹1서 1-36장)나 천문학 논고(에녹1서 72-82장)와 같은 [책 전체에서] 가장 오래된 부분들은 아마도 기원전 3세기 말엽에 기록되었을 것이다.

비유의 서(에녹1서 37-71장)의 연대는 일반적으로 기원후 3세기 중엽으로 추정된다. 그러니까 에녹1서로 구성된 모음집은 바로 이 시대에 그 최종 형태로 완성된 것이다. 이 동일한 모음집에서 나온 다양한 시적인 모티프들이 여러 차례 반복하여 추출됐다. 이러한 모티프들의 다양성은 여러 시대에 걸쳐 쓰인 텍스트의 기록 과정과 관련이 있으며, 또한 그러한 텍스트들 사이에서 일어나는 상호 작용이나, 여타의 여러 기록들—묵시적 텍스트인가의 여부를 불문하고—과의 상호 작용에 영향을 받은 것이다.

하나의 같은 저작 안에 조상 에녹에게 속한 몇몇 전승들을 함께 모아 편집했다는 견해는 오랜 기간에 걸쳐 에녹의 전승들에 정통한 [복수의] 묵시론적 사회 집단들의 존재를 통해 설명된다. 이에 관해, 반드시 수 세대에 걸쳐 형성된 서기관들(율법학자들)의 학파 뿐 아니라, 그 역사와 기능, 내부적인 삶이 알려지지 않은 사회적 그룹들 또한 살펴 보아야 한다. 우리는 단지 에녹에게로 돌려지는 몇몇 텍스트들 간의 상호 작용만을 확인하고 이로써 이 서기관들의 정신적인 우주를 묘사할 수 있을 뿐이지만, 이에 관해 더 많은 것을 아는 일은 여전히 간단한 일이 아니다.

이런 이유로, 오로지 기억된 전승에 따라 텍스트를 생산했던 한 사람 혹은 여러 인물에 관해서만 검토하는 편이, "에녹파"(hénochites) 사회 집단 혹은 집단들에 관해 검토하는 것보다 신중하다고 할 것이다. 왜냐하면, 이 집단들이 에녹에 관해서만 토론하고 기록을 남겼다고 말할 수 없기 때문이다. 예컨대 "에녹파"나 "다니엘파"(daniéliques) 집단들에 대해 이야기하는 것보다 묵시론적 집단들에 대해 이야기하는 편이 보다 바람직하다는 것이다.

그러므로 묵시적인 기록들 가운데 문헌적인 상호 작용을 감지할 수 있고, 다양한 입장이나 [의미상의] 미묘한 차이들을 식별할 수 있다 하더라도, 묵시서와 묵시론이라는 문학적 장르를 규정하는 일반적인 구조에는 변함이 없다. 하지만 이 논지는 팔레스타인 혹은 다른 지역의 유대교에서 어떤 "묵시론적 운동"이 존재했을 가능성까지 허용하는 것은 아니다. 기원전 3세기 말엽의 묵시서들에 대한 연구는 오히려 묵시론으로 규정된 틀 속에 다양한 기록과 의견들이 있었음을 보여준다.

묵시론적 문서들을 기록한 모든 서기관들이 집결하는 유일하거나 단일화된 운동은 없었으며, 하물며 묵시서들을 포고하는 중앙 집권화된 권위는 더욱 생각하기 어렵다.

2. 생산자 집단들

묵시서들을 기록한 서기들이나 혹은 더 넓게 볼 때 묵시론을 신봉했던 이들은 그들 자신의 정체성을 기록된 문서들에서 나타내지 않았으며, 사실 이는 그 시대의 관행이 아니다. 그들은 무엇보다 먼저 신적인 메시지를 설명하고 정당화하고자 한다. 하지만 이러한 사회 집단들의 정신 세계는 여러 차례 되풀이하여 표면에 드러난다. 이러한 세계에 대한 깊이 있는 연구, 특히 이 기록들과 [그 행간에서] 함축적으로 펼쳐지는 주장들 사이에서 나타나는 문학적인 긴장에 대한 연구는 묵시론의 생산자 집단들에 관한 몇 가지 사실확인을 가능케 한다.

묵시적 텍스트들을 첫 번째로 읽게 될 때, 우리는 그 지성적인 성찰의 높은 수준에 놀라게 된다. 천상과 또한 초자연이라는 틀을 통해 하나님의 비밀들을 드러낸다는 포부는 셈족의 신화적인 배경, 성경 텍스트와 그 관심사들에 대한 깊은 이해를 전제로 한다.

전통적인 지혜, 곧 오늘날 상식(bon sens)이라 지칭되는 것에 속한 관념들의 단순성은, 최후의 심판과 그 기다림 그리고 그때 [일어나리라] 기대되는 피조 세계의 새로워짐에 대한 구상과 대립된다. 땅 위에 악의 지배가 팽배하다는 인식은 전통적인 지혜를 무효로 만들고 그 권위를 깎아내린다. 이를 설명할 해결책은 수준 높고 완전히 정합적인 철학적·신학적 성찰을 바탕으로 모색 된다.

확실히 이 집단들에 속한 서기관들(scribes)은 조심스럽고 맹목적인 방식으로 사본을 베꼈던 서양 중세의 필사자들(scribes)과는 다르다. 묵시서들을 기록한 서기관들은 더 오래된 텍스트들을 수정하고 이에 대해 논의하고 이의를 제기하며 종국에는 새로운 텍스트를 기록한다. 그들은 오로지 히브리 성경 텍스트를 비롯한 이전의 유대교 문헌만을 알고 있었던 것이 아니며, 앞으로 우리가 보게 될 것처럼 헬라 세계와 이집트를 비롯한 고대 근동 지역(l'Orient ancien) 전체에서 유래한 전승들도 받아들인다. 이러한 전승들 전체를, 곧 서로 상이한 문화들 전체를 이해하여 세계에 대한 정합적인 설명을 내놓을 수 있는 이러한 역량은 그들이 가장 높은 수준의 학식을 갖춘 학자들임을 전제로 한다.

묵시적 텍스트들에서는 또한 여러 번 반복하여 서기관에게 — 특히 서기관 에녹에게 — 주어지는 특권적인 지위가 언급된다. 이 조상은 "서기관"(에녹1서 12:3; 92:1)으로 그리고 또 "정의의 서기관"(scribe de justice, 에녹1서 12:4; 15:1)으로 규정된다. 그의 역할은 천상으로 올라가는 여정에서 천사들이 그에게 보여준 것을 기록하고 이로써 신적인 메시지를 사람들에게 혹은 어떤 그룹의 사람들에게 전달하는 것이다(에녹1서 81:6-82, 3; 100:6; 104:12-13).

"정의의 서기관"이라는 규정은 이해하기 쉽지 않다. 왜냐하면, 에녹이 분명 서기관이기는 하지만 정의(혹은 진리)와 관련된 것을 기록하며 또한 여러 차례 정의로운 자로 언급되기도 하기 때문이다.

이 표현이 나타내는 것은 무엇인가?

에녹에게 돌려지는 텍스트들 바깥에서 찾아보면, 에세네파 사람들(esséniens)의 지도자를 지시하는 데 사용된 칭호로 "정의의 스승"(Maître de Justice)라는 표현을 발견할 수 있는데, 기원전 마지막 수 세기 동안 팔레스타인에 자리잡았던 이 [에세네파라는] 유대인 그룹은 아마도 20세기 중반에나 발견된 사해 사본들을 기록했을 것으로 추정된다.

또한, 우리는 다니엘에서 "정의를 가르쳤던"[1] "지혜있는 자들" (가르치는 자들, enseignants)을 알게 되는데, 이들은 "정의와 공평을 구하여" 마카비 봉기(révolte maccabéenne) 당시에 사막에 정착했던 자들로, 2세기 중엽에 "경건한 자들"로 명명되는 자들이 가담했던, 셀레오코스 왕국의 왕들에 맞서는 반대자들이 모인 유대인 그룹이다(마카비상 2: 29). 이러한 표현들은 모두 정의로운 자로서의 삶을 추구하는, 비록 토라에 관해 논쟁할지라도(에녹1서 99: 2), 토라에 있는 하나님의 가르침을 엄격하게 준수함으로써 정의롭게 살아가고자 하는 그룹들과 관련된다.

에스라4서나 바룩2서 같은 훨씬 후대의 시서들에서는 에스라와 바룩을 각각 해당 책을 기록한 서기관으로 간주한다. 마지막으로 언급된 이 바룩이라는 사람은 심지어 예언자 예레미야의 서기로 주장되기도 한다. 하지만 이러한 특징은 묵시서들을 기록한 집단에만 특수하게 한정되지 않는다고 여겨진다. 예컨대 에스라 또한 "이스라엘의 하나님이 주신 모세의 토라에 정통한 서기관"으로 소개 된다(스 7:6). 마찬가지로 벤 시라(Ben Sira)는 토라를 연구하는 서기관으로 나타난다(집회서[헬라어] 39:1-3).

그러므로 서기관이라는 칭호와 그에게 되돌아오는 정의라는 성질은 단지 해당 묵시서의 후견적인 인물을 지시할 뿐이며 저자 집단들에 관한 추가적인 정보는 제공하지 않는 듯 보인다.

묵시서들은 기원전 4, 5세기의 "서기관들"을 언급하는데, 이는 스스로 그들의 행보에 들어가 해당 책들이 전하는 메시지의 권위를 강화하기 위한 것이다. 이 원칙은 메시지를 방어하기 위해 유대 사

---

[1] 개역개정판에서 이 문구는 "옳은 데로 돌아오게 한"으로 번역되어 있다.

회 내부에서 기록의 확장이 일어난다는 것이다. 따라서 기원전 마지막 몇 세기 동안에 있던 공동체들 내 에서의 정의에 대한 언급은 이러한 텍스트의 생산자 집단들이 정의로운 삶을 영위하기를 의도하며 그러한 삶을 인식하고 있었음을 나타낸다.

서기관인 동시에 현자인 사람에게 계시된 신적인 메시지를 전수하는 것은 지식인 집단의 항구적인 관심사였다. 요컨대, 에녹의 자손과 또한 모든 사람에 대한 전수(에녹1서 81:5-6; 82:1-3; 91:1-3)에 반드시 전제되는 것은 에녹에게 전달되어 기록된 계시들을 전달할 책임을 가진 가르치는 자들(enseignants)의 계승이 있다는 것이다.

결코 이러한 전승들의 전수가 단 하나의 그룹의 전유물이라고 말할 수는 없다. 오히려, 사해 인근의 동굴들에서 발견된 '파수꾼의 서,' '천문학 논고,' '꿈의 서'(Livre des rêves) 그리고 '에녹의 편지'는 여러 집단들이 에녹에 관한 전승들을, 그들이 스스로 편집한 것은 아니라 하더라도, 그대로 인정했음을 보여준다.

묵시적 전승들은 묵시론을 지지하는 여타의 사회 집단들에 의해서도 계승된다. 이는 시적 텍스트들의 전승을 전제로하며 폐쇄적인 묵시론 집단들이라는 관념을 부정한다. 오히려 그들은 유대인 사회 전체를 설득하기 위해 지혜서의 집단들과 같은 다른 집단들과 논쟁한다. 이미 히브리 성경에 등장한 위인의 이름으로 기록되는 것은 이러한 관점에서 매우 중요하다. 이 지점에서 서기관 으로써의 자격을 강조할 수 있기 때문이다.

결국, 에녹1서라는, 텍스트들의 모음집의 구성은 조상 에녹에 관해 존재하는 전통들의 전승과전 편집을 동시에 설명한다. 이 편집에 일관성을 부여할 필요성은 이러한 작업에 어떤 하나의 관점과 정당성을 부여하기 위한, 적어도 (단일한 기록자 집단에 의한) 도입부와 종결부의 기록을 가정한다. 이 묵시적 텍스트들은 일을 전적으로 혹은 부분적으로 지지하던 다수의 유대인 그룹에 전승 되었는데, 에세네파나 예수 운동 그룹이 그 예가 된다. 이미 살펴본 것처럼, 이 텍스트들에서 에녹을 지혜―전통적인 지혜보다 우월한 지혜―의 금자탑으로 내세우는 것은 기원전 3세기 말엽의 역술적인 지식(mantique sagesse)에 정통한 하나 혹은 여러 개의 유대인 집단으로 거슬러 올라간다.

이 집단들은 유대인 사회 가운데 [자기 집단의] 기록들을 퍼뜨리고자 시도했으며, 이에 따라, 사해 인근 동굴에서 발굴된 에세네파의 서고에 기원전 2세기에 필사된 에녹1서 사본이 있음으로 입증된 것처럼, 에녹에 관한 전승들은 더 이상 묵시론적 집단들에만 부속되지 않게 된다. 이로부터 이 텍스트들이 기록된 이후 수십 년 동안 다른 집단들로 유통되어 다양하게 받아들여졌다고 우리는 추론할 수 있다.

그러므로 에녹에 관해 쓰인 첫 기록들(파수꾼의 서나 천문학 논고)이 유래한 집단들이 계속 존재했는지 확실치 않는다. 왜냐하면, 이 텍스트들이 [기록자 집단과 상관 없이] 독자적으로 존재하게 된 듯 보이기 때문이다.

이런 이유로 여러 세기 동안 이러한 에녹에 관한 전승들을 지키는 "가르치는 자들"(교사들)을 갖춘 사회 집단들이 있었다고 믿기는 어렵다. 이 텍스트들의 혼합적인 성격은 에녹1서의 내부에서나 외부에서 확인 된다. 기원후 1세기로 추정되는 에녹의 비유의 기록이 입증하는 것은 아마도 에녹에 관한 전승들의 진화가 있었고, 하나의 동일한 집단 가운데 어느 정도 정착되어 에녹에 관한 과거의 전승들을 전하는 어떤 단순한 연속성이 사라졌다는 점일 것이다. 부분적으로 이런 이유로 인해 에녹1서 또한 내부적인 모순에서 자유롭지 않다.

다른 한편으로, 다니엘의 "가르치는 자들"(다니엘에서는 '지혜로운 자들, 마스킬림[maskilym])은 계시의 수탁자이자 종말의 때에 계시에 따라 먼저 혜택을 입게 될 것이라 여겨지며, 이들은 다니엘서의 저자 집단을 구성한다. 그들은 이러한 이상들을 전수하려 하지만, 우리는 여러 세기에 걸쳐 지속된 어떤 사회적인 집단을 발견할 수 없다.

에녹에 관한 묵시적 전승들에 있어 그렇듯, 다니엘에 관한 전승들은 그 기록 이후의 수십 년 동안 여러 유대인 집단들을 가로질러 유통됐다. 예를 들어, 예루살렘의 신화적인 왕이자 제사장인 멜기세덱(Melchisédeq)이라는 수수께끼 같은 인물에 관해 쓰여진 사해 사본들 중 한 문서에서는(11Q13 2:18), 명시적으로 다니엘서의 한 구절이 언급된다.

> 그리고, 다니엘이 그에 관해서 "기름 부음을 받은 자 곧 왕이 일어나기까지 일곱 이레[…]가 지나리"(단 9:25)라고 말한 그대로, 그 사자(使者)는 영혼의 메시아다.

또한, 동일한 서고에서 완전한 책의 형태는 아니지만 다니엘과 유사한 본문들이 발견되지만(4Q234; 4Q244; 4Q245; 4Q246), 그 단편적인 성격으로 인해 전달되는 메시지를 식별하기는 쉽지는 않다. 그러므로 기록을 전수하고자 하는 염원과 수 세기 동안 있었던 하나의 집단(혹은 학파)은 혼동될 수 없다.

역술적인 지식을 가진 집단들로 설명되었던 최초의 묵시론적 집단들의 정체와 거주지에 관해서는 [아직] 토론이 진행되고 있다.

'천문학 논고'와 같은 가장 오래된 유대교 묵시서들에서 천문학적이면서도 동시에 점성술과 관련된 이런 유형의 문서가 메소포타미아 문헌에서 [많은 부분을] 차용하고 있다는 점을 언급한 바 있다. 마찬가지로 아람어로 된(en araméen) 다니엘의 서사들(단 2-6장)은 메소포타미아에서 잘 알려진 문학적인 형식을 나타낸다.

이런 바탕 위에서 기원전 6세기에 바벨론으로 강제 이주되었던 유대인 집단들에 의해서 창작된 문헌이 이 유배 생활에서 영향을 받았다고 상상하는 것도 가능할 것이다. 유대인들은 기원전 6세기 말엽에는 [유대 지역으로] 복귀하게 되는데, 이러한 상황으로 볼 때 겨우 기원전 3세기 말엽에나 유대교 시 문학의 생산이 [시작됐다고] 생각하기는 어렵다.

메소포타미아에서 유래한 점술(예언)의 지식(sagesse de divination)과 또 궁정 문학(littérature de cour)이 유대교 계시 문학에 영향을 끼친 바 없다면, 유배 후 돌아온 유대인들과 초기의 묵시서들을 만들어낸 저자집단들 사이의 직접적인 관련성(filiation)을 인정하는 것은 까다로운 문제일 것이다. 이러한 문헌적 관련성을 설명하기 위해 몇 가지 다른 가설을 내놓을 수 있다.

우리는 [먼저] 헬레니즘을 받아들인(hellénisés) 유대인들을 제외시킬 수 있다. 그 이유는 에녹1서에서 헬라 문화를 완전히 거부하는 사례가 여러 차례 되풀이되기 때문이다. 마찬가지로 우상 숭배가 정죄되고(에녹1서 46:7; 91:9; 99:7-9), 땅이나 하늘의 현상들에 의거한 점술(예언, 에녹1서 8:3)과 마술(에녹1서 7:1; 8:3; 9:8)은 비난을 받는다. 피를 먹는 행위(에녹1서 98:11)나 약초를 사용하는 치료법(에녹1서 7:1; 8:3)도 역시 비판된다.

초기 묵시 문학은 항상 이스라엘과 열방(列邦, 다른 민족들) 사이의 갈등을 전제한다. "동물들의 계시"(에녹1서 85-90장)는 이를 빗대어 양떼(이스라엘 사람들)와 야생의 짐승들(열방)을 대립시킨다. 에녹의 비유는 왕들과 권세자들이 "그분의 회중의 집들을 박해한다"라고 말한다(에녹1서 46:8). 우리는 다니엘의 계시들이 셀레오코스 왕국의 왕 안티오코스 4세의 지배 아래 유대인들이 경험한 압제를 반영하는 것으로 풀어냈다. 박해의 정서는 또한 파수꾼의 서에서 언급된 타락한 천사들의 역사에도 함축되어 있다.

몇몇 학자들은 심지어 기원전 323년에 사망한 알렉산드로스 대왕의 장군들 사이에서 20년간 지속될 군사적인 분쟁의 징후들을 간파해 내기도 했다. 에녹의 비유는 외국의 왕들과 유력한 지도자들(에녹1서 46:7)을 정의로운 혹은 선택받은 자들과 대립시킨다. 서력 전환기로 추정되는 그 기록 연대로 미루어 볼 때, 로마의 삼두정치(triumvirs)를 떠올릴 수도 있다. 이에 따라서 계시들을 가로지르는 관심사는 이스라엘의 정치적·종교적인 상황과 일치한다.

이 시들의 저자 집단들은 팔레스타인에서 유래하는 것으로 보인다. 이들은 "정의로운 자들"과 "선택받은 자들"과 "거룩한 자들(성자들)"로 규정되는, 헬레니즘을 받아들이지 않은 유대인들과 관련된다.

우리는 이러한 용어들을 통해 저자 집단들에 관해 더 이상 정확히 알 수가 없다. 왜냐하면, 이 단어들이 시들의 기획을 통해 즉 죄인이 아니라 정의로운 자를 따르는 모델을 통해 이해되기 때문이다.

이 단어들은 죄인들에 대한 최후의 심판과 이들에 대한 징벌을 기다리며 또 다른 한편으로 영원한 삶이 주어지는 정의로운 자들에 대한 보상을 기다리는 선택받은 자들로 이루어진 묵시론적 공동체의 정의에 한층 더 부합한다.

에녹1서의 여러 구절에서 "경건한"(pieux, 하시드[hasid])이라는 말의 등장(에녹1서 92:3; 100:5; 102:4, 6; 103:3, 4, 9, 12; 108:11)은 기원전 2세기에 진행된 마카비 봉기를 최초로 지지했던 "경건한 자들"(pieux, 하시딤[hasidym])의 그룹을 연상하도록 한다(마카비상 2:42; 마카비하 14:6). 학자들은 심지어 유다 마카비(Judas Maccabée)에 관한 전쟁 이야기들에 비추어 "동물들의 계시"를 이해하고자 시도하기도 했다(에녹1서 85-90장). 그러나 [이러한 주장은] 논거가 빈약하고 "경건한 자들"에 관한 보다 자세한 자료 또한 결여되고 있다.

에녹1서의 다른 한 본문에서 우선적 중요성을 지닌 정보를 얻을 수 있다. 이 모음집에는 매우 적은 수의 지명이 언급되지만, 6장부터 16장까지의 부분에서는 지리에 관한 이야기가 등장한다. 여기에 오늘날 레바논과 이스라엘의 국경 지역인 북쪽의 갈릴리라는 지명이 제시 된다. 이 지역에서 해당 장들이 기록되었을 것이라는 추측은 타당하지만, 여기에는 에녹1서의 다른 장들—다른 지역에서 편집 되었을—에 관해서는 아무런 언급도 없다.

예를 들어, [이 모음집의] 몇몇 부분들이 제사장들에 의해, 특히 예루살렘 성전에서 추방된 제사장들에 의해 기록되지는 않았을지 물을 수 있을 것이다. 실제로 예루살렘 성전과 그 예배와 성직자들은 에녹1서의 여러 단락에서 혹독한 비판을 받는다.

반대로, 천사 미카엘은 종말의 때에 땅을 정화하기 위해 기다리는 일종의 제사장으로 그려진다(에녹1서 10:20-22). 사해 [인근에서 발견된] 서고에 에녹에 관한 책들이 수용됐다는 사실 또한 이러한 관점에서 이해될 수 있다. 왜냐하면, 에세네파 유대인들로 여겨지는 이 서고의 보유자들은 예루살렘 성전의 성직자들과 결별한 제사장들의 공동체 출신일 것이기 때문이다. 에녹1서나 다니엘서에 나오는 날짜의 계산에 대한 관심은 특히 제사장들의 관심사를 드러낸다고 볼 수도 있겠지만, 그러한 주장은 특히 안티오코스 4세에 의한 역법의 변경 이후 다른 여러 유대인 집단들도 동일한 관심사를 가졌을 수 있다는 점을 미루어 보자면 [논거가] 빈약하다.

이렇듯, 역술적인 지식을 지닌 집단들을 알게 된 것 외에 이러한 묵시론적 집단들의 전형적인 모습을 그려내는 것은 어렵고, 더 나아가 불가능한 일로 남는다. 그러므로 역술적 지식은 필시 묵시론적 집단들 간의 공통점이 될 것이다. 그 배경에는 매우 다양한 사회 집단들이 있을 것으로 추측된다.

(그렇다면 그들은 누구일까?)

강제 유배에서 돌아온 유대인들, 갈릴리 사람들, 제사장들, 경건한 자들은?

텍스트 자체에서 정보를 얻을 수 없는 탓에 보다 정확하게 할 수는 없지만, 묵시론적 집단들이 자기 집단을 향한 내향성이 없는 매우 개방적인 사람들로 여겨진다는 점은 인정할 수 있다. 오히려 그들은 자기 이상(理想)을 유대 사회 전체에 퍼뜨리기 원한다. 묵시론적 집단들의 특징은 스스로를 신적인 세계로 접근하는 혜택을 누리는 엘리트들로 인식한다는 것이다. 그러나 이들은 스스로 열려 있기를 바라는 엘리트였다.

고대 근동 지역에서 서기관들의 경력과 비교할 때, 신적인 비밀들을 드러내는 역량 곧 예언(점술)은 경력의 정점으로 여겨질 수 있다. 예언(점술)적 지식에 부여된 그러한 위상은 근동 지역 서기관들의 형성과 그들의 문화가 1천 년이 넘는 기간 동안 더디게 진행된 과정과 일치한다. 기원전의 마지막 몇 세기는 이러한 진화의 절정에 해당한다. 고대 근동 지역 전체, [그 중에서도] 특히 이집트와 메소포타미아 그리고 레반트(Levant)[2]에서 실제적인 예언(점술)의 문화는 기원전 4세기의 헬라 제국 시기로부터 시작된 문학적 기록들 덕분에 증명될 수 있다

메소포타미아 천문학 및 점성술 집록인 물아핀(MUL.APIN)과 에녹1서에 수록된 천문학 논고(에녹1서 72-82장)에서 함께 나타나는 공통된 형식은 고대 근동 전역에서 이런 유형의 지식이 발전한 데서 그 이유를 찾을 수 있다. 다니엘서에 나타나는 상징들 또한 메소포타미아 점술집(recueils divinatoires)에서와 기원전 6세기 말부터 4세기 초까지 고대 오리엔트 지역을 지배했던 페르시아 세계의 기록에서 발견된다.

3. 헬레니즘의 영향에 대한 반발로서 위기의 문학

그렇다면 어떤 이유로 묵시 문학이 기원전 3세기에 나타나게 되었는지 물을 수 있다.
묵시론의 출현을 일으켰던 요인은 무엇인가?
정치·종교적, 경제·사회적 상황의 변화가 그 요인일까?
이 중심적인 질문들에 대한 대답은 다니엘 기록 연대와 안티오코스 4세라는 왕에 대한 저항(기원전 167-164년)이라는 배경에 의지해

---

[2] 지중해 동부 연안을 타고 올라가는 지역인 팔레스타인, 레바논, 요르단, 시리아, 소아시아(아타톨리아[*현재의 터키]) 등을 아우르는 지역.

왔다. 다니엘(서)는 오랫동안 시 문학의 가장 오래된 증거로 여겨져 왔다. 여러 차례 반복해서 봤던 것처럼, 다니엘의 여러 구절은 셀레오코스 왕국의 유대인들에 가하는 압제와 고통의 시간이 유다 마카비의 봉기 덕분에 곧 종결되리라는 희망을 이야기한다. 따라서 이러한 저항의 배경과 기원전 2세기에 있었던 묵시론의 출현 사이에는 어떤 상관관계가 성립된다.

하지만 에녹1서 속에 '파수꾼의 서'나 '천문' 논고로 보존된 책들은 다니엘의 기록 연대인 기원전 2세기 중반보다 더 이전에 쓰여진 것으로 여겨진다. 에녹에게 돌려진 이 두 책은 기원전 3세기 말엽에 쓰였다. 즉 2세기 중반에 있었던 마카비 봉기와 묵시론의 출현 사이에는 (시간적)인 괴리가 있는 것이다. 이에 따라, 묵시론을 마카비 봉기에서 기인한 문헌으로, 다시 말해 마카비 봉기의 선전을 위한 문헌으로 보기는 어렵게 된다.

그러나 다니엘에서 셀레오코스 왕국에 대한 계시들이 나타나는 것처럼 유다 왕국의 정치·종교적인 진화가 묵시론적 집단들의 출현을 위한 조건을 만족시켰을 가능성도 배제할 수 없다. 보다 넓은 맥락에서 묵시론은 유다 왕국과 유대인들의 헬레니즘화(hellénisation)에 저항한다. 우리가 본 것처럼, 묵시론적 기록의 생산자 집단은 아마도 매우 다양할 것이다. 묵시론의 출현은 비록 역숨적 지식의 흐름으로 특징지어지기는 하지만, 어쨌든 기원전 3세기 이래 한 집단의 이상들이 그 집단 내부에 독점되지 않고 다른 집단으로 유포되었다.

따라서 묵시서들은 시대를 관통하야 발전하며 자연과 우주의 비밀들에 관한 계시의 전통에 있어 중심적인 개념을 보존한다고 여겨진다. 이 비밀들의 추구는 고대의 묵시론적인 기록 전체를 관통한다. 심각한 위기의 순간들은 이를 야기하는 하나님의 비밀들에 관한 추측을 불러일으킨다.

예컨대 안티오코스 4세에 의한 예루살렘 성전의 모독(기원전 167-164년)과 여기에 수반된 유대교를 파괴하려는 시도 혹은 기원후 70년에 로마의 공격으로 야기된 성전의 파괴가 계시 문학 속에 반영된다. 그러니까 사람들은 이 재앙들과 더불어 희망의 모티프들 또한 설명하는 신적인 비밀들을 찾으며, 유대 민족의 역사 속에서 이 사건들의 위치를 알고자 한다.

이런 의미에서 묵시론적인 기록들은 저항의 문학이라기보다 오히려 위기의 문학으로 나타난다. 비록 [정치적] 사건들이 이 두 가지 개념을 서로 연결하기는 하지만 말이다.

유대 역사를 점철하는 사건들에 덧붙여 시 문학에서 소환된 문제의 위기는 사회의 위기나 윤리·도덕적인 위기에 보다 유사하다. 오랜 기간에 걸친 유대 사회의 헬라화에 대해 특정한 유대인 집단들은 거부 반응을 일으킨다. 희년서는 기원전 2세기 중반에 헬레니즘을 받아들인 유대인들의 잘못을 인식하도록 설득하고자 한다. 하나님의 창조가 먼저 유대인의 삶의 토대를 만들었으며, 이 토대는 헬라적인 생활 양식을 수용할 수 없는 것이다. [이를 위한] 여러 논변이 펼쳐진다. 이에 따라, 유대인 혈통의 순수성이 끊임없이 강조된다.

[예컨대], 희년서 17장에서는 쫓겨난 아브라함의 아들 이스마엘이 언급되고 19:13-25에서는 [장자권이] 기각된 이삭의 아들 에서가 언급된다. 게다가 이방인들에 대한 배척이 명시적인 방식으로 표현되는데, 희년서 30:7을 따를 때 이방인과의 결혼은 부부 모두를 사형으로 처벌한다고 할 정도다. 희년서의 저자 집단은 이러한

격리를 강조하며 실제로 희년서 4: 11, 13-16, 20에서는 혈통적 순수성이라는 관점에서 오점이 남더라도 순수한 혈통의 구성원들과 결혼한 여인들의 이름을 언급한다. 그들은 이런 방식으로 남성의 혈통에 따라서만이 아니라 여성의 혈통에 따라서도 유효한 순수성을 보기 바라는 그들의 관심사를 나타낸다.

희년서의 저자집단은 또한 유대교의 축제와 의례의 오랜 유래(ancienneté)를 따라서 하나님과의 내밀한 관계를 상기시킨다. 이로써 셀레오코스 왕조가 결정하고(단 7:25; 마카비상 1:45; 마카비하 6:6), 유대인들의 지지를 얻었던 유대교 역법의 변화에 대응한다. 예를 들어, 할례는 저자집단에 의해 매우 오래 전 시대부터 유래하는 것으로 증언된다. 창세기에서는 아브라함과 그의 후손들이 처음으로 이 [할례라는] 의례에 따른 것으로 전한다(창 17장).

그러나 희년서 15:25-27에서는 천사들이 그들이 창조될 때 할례를 받는다고 기록한다. [또한 유대 지역에는] 헬라식 운동장(gymnase)이 [건설되고 있었고], 심지어 예루살렘에도 지어졌다. 이 벌거벗은 채로 혹은 거의 벌거벗은 채로 운동을 하기 위한 장소는 유대교 규정들에 반한다. 희년서의 저자 집단은 헬레니즘의 관습에 반대하여 희년서 3:30-31에서 벌거벗음을 금지한다. 이에 따라 희년서의 기록자 집단은 유대교를 헬레니즘 문화 속에 용해시킬 위험이 있는 수정주의(réformistes) 유대인들과 맞선다. 이들에 관해서는 마카비상(le premier des Maccabées)에서 묘사되고 있다(마카비상 1:11-13).

> ¹¹그 무렵, 이스라엘에서는 율법의 위반자들이 일어났는데, 이들이 많은 사람들을 유혹하여 말하기를 "주위의 민족들과 맹약을 맺

읍시다. 그들을 멀리하는 동안 너무나 많은 화를 입었습니다." 했
다. ¹²이 말이 그럴듯하여, ¹³사람들 중에서 여럿이 왕에게 달려
가, 이방 민족들의 관습을 따라도 좋다는 허가를 받았다(마카비상
1:11-13).

　헬레니즘을 받아들인 유대인들에게 그들이 과오를 저지르고 있
다는 것을 설득하기 위해서, 희년서의 보존자 집단은 성경 구절들
과 유대인의 삶의 중심을 명확히 밝히고, 이를 위해 때로 풍자를 동
원하기도 한다. 이러한 문학적 특징은 어쩌면 그 기록이 대중 속의
헬라화된 유대인들에게 전달된다는 것을 나타내는 징후일지도 모
른다. 마찬가지로 희년서 23:11-31에서는 거의 천 년에 이르는 조
상들(patriarches)의 수명을 80년이면 최대라고 여겨지는 동시대인
들의 수명과 비교한다. 이런 의미에서 "하얀 머리를 한 아이들"의
이미지는 신적인 명령들을 망각한 표징으로서 수명의 감소를 나
타낸다.
　오직 토라의 엄격한 실천으로 돌아가야만이 이러한 쇠퇴를 바로
잡을 수 있다. 시 문학은 전체적으로 새로움을 받아들이고 헬레니
즘적인 문화를 향한 사회의 진화를 수용하는 자들과 헬라 세계로
부터 온 것을 확고하게 거부하는 자들 사이의 심각한 대립으로부
터 야기된 이러한 사회적 위기의 구조를 통해 이해된다. 그러한 이
와 같은 긴장은 이 지역이나 시대에 고유한 것이 아니며, 묵시 문학
은 오래된 것들(anciens)과 현대의 것들(modernes) 사이의 싸움을 반
향한다.
　이러한 묵시 문학은 서로 상이한 표현들로 유대교를 고정하는 문
헌이 아니라, 사회와 유대교를 전복시키려는 자들에게 답하려는 문

헌이다. 비밀들의 계시는 유대교를 변환시키기 보다는 오히려 완성할 것이다. 하지만 묵시론의 출현은 유대교의 진화를 나타낸다.

시 문학은 오로지 유대적인 맥락 속에서만 인식되지 않는다. 사회의 헬라화에 대한 이의 제기는 유대나 팔레스타인의 경계를 넘어선다. 이러한 헬라 세계에 대한 거부는 이미 기원전 4세기 말 지중해 동편에서 나타나기 시작했는데, 이 시기는 알렉산드로스 대왕의 장군들이 기원전 323년 대왕의 죽음 이후 제국을 분할했던 시기이다. 이집트로부터 메소포타미아를 거쳐 페르시아까지 이르는 지역의 정복은 외세의 통치에 직면한 지역 주민들의 반발을 불러일으킨다.

문학은 지역 엘리트의 표현 수단의 하나이다. [이들이 쓴 정치적] 팜플렛은 지역의 관습에 의거하여 헬레니즘 문화를 가차없이 비난한다. 이러한 글들은 매번 지역의 권력을 찬양하고 가까운 미래에 있을 그 회복을 단언한다. 그것들은 흔히 자연이나 우주의 질서와 혼돈이라는 이미지를 사용한다. 보통 지역적인 인물들은 역사의 의미를 고지하는 예언이나 전망, 다시 말해, 나라가 정복당하고 독립을 잃게 될 것이고 동시에 이 지배가 종결 되리라는 예언이나 전망을 전하는 자의 역할을 떠맡는다. 이 다가오는 때는 창조 질서가 제자리에 있었던 이전의 시대와 유사하다.

이집트의 문학에는 유대 묵시서들과 공통적인 특징들을 보이는 다수의 문서가 보존되어 있다. 예를 들어, 보코리스(Bocchoris)[3] 치세 때 쓰인 '어린 양의 예언'(*l'Oracle de l'agneau sous Bocchoris*)은 기원전 2세기나 1세기에 쓰인 것으로 추정된다. 이는 앞서 유대 묵시서들에

---

3 이집트의 24왕조 마지막 파라오 바켄라네프(Bakenranef)의 헬라식 이름.

서 여러 차례 목격한 바 있다. [이에 따르면], 파라오 보코리스(기원전 722-716년 재위)의 치세 때 한 어린 양이 예언하기를 이집트가 이방인들에 의해 침공 당하여 신상들―이집트의 신들과 사람들 사이의 관계를 나타내는 표시들―이 도난당할 것이라고 말한다.

또 이 어린 양은 나라(이집트)에 대한 이방인들의 지배가 끝나고 여러 세기가 지난 후에 그 신상들이 돌아올 것이라고 예언한다. 그 예언에서는 프톨레마이오스(Ptolémée)라는 이름으로 [이집트를] 다스린, 알렉산드로스 대왕 장군의 가계에서 내려오는 군주들에 대한 암시가 거의 숨김 없이 제시된다. 아마도 보코리스 치세 때 어린 양의 예언은 특히 프톨레마이오스 3세(기원전 246-222년)를 지칭하는 것이라 여겨지는데, 그 당시의 어느 비문은 그의 치적을 이렇게 선전하고 있기 때문이다. 페르시아인들이 훔쳐간 신상들이 이집트로 돌아올 것이다.

기원전 2세기에 기록되어, '토기장이의 예언'(l'Oracle du potier)이라는 이름으로 명명된 이집트의 다른 기록은 상당히 그럴듯한 이야기(histoire)를 제공하는데, 이는 외국의 침공이 있을 것이며 신들이 떠날 것이라고 예고 한다. 그 때 거대한 자연 재해가 이 나라를 덮칠 것이고, 이 나라의 질서가 완전히 무너지는 동시에 오시리스와 세스 신들이 서로 대립할 것이다. 그런 이후에 자연의 질서가 이집트에서 그 권리(droit)를 되찾을 것이다(2:22-23).

> 진실은 빛으로 밝혀지고, 거짓은 땅에 던져질 것이며, 이집트에서 권리와 질서가 퍼져나갈 것이다(2:22-23).

아마도 더 오래된 텍스트로 보이는 '민중 연대기'(la Chronique démotique)는 기원전 3세기에 쓰인 것으로 추정되는데, 이 텍스트는 과거와 현재와 미래의 역사적 연대기를 전달하는 묵시서들과 유사하다. 예언들을 해독하는 것이 언제까지 불가능하지는 않겠지만, 이 연대기는 이집트의 마지막 파라오들의 알려지지 않은 시대를 다룬다. 이 시대는 페르시아의 점령기나 또 알렉산드로스 대왕의 점령기를 아니 그 보다는 오히려 "큰 개"라는 그다지 우호적이지 않은 별명으로 불리는 알렉산드로스 대왕의 장군 프톨레마이오스 1세의 치세를 지시한다고 간주한다.

이 연대기는 이어서 "헤라클레오폴리스의 남자"—정체가 알려지지 않은 인물—의 지도력에 따른 나라의 부흥을 예고 한다. 담화의 구조는 유대 시들에서 그런 것처럼, 매번 창조 질서의 혼란에서 원래의 질서로의 회복을 이야기하는 본문으로 결말 지어진다.

메소포타미아 세계에서도, 그러한 방식으로 정치적인 사건들의 역사를 읽는 관행이 발견 된다. 이런 방식으로 기원전 마지막 두 세기 동안 쓰였던 '우루크의 예언'(la Prophétie d'Uruk)은 우루크라는 나라를 지배할 왕들의 도래를 계시한다. 이 왕들의 치세에는 불길한 인장이 찍힌다. 그 왕들 중 한 사람은 심지어 세계 전체를 다스리게 될 것이지만, 그는 한 정의로운 왕을, 즉 도시국가를 영광의 순간에 있는 상태로 회복시키고 우루크에 신 아누(Anu)의 숭배를 되돌려놓게 될 왕의 의해 대체 될 것이다.

같은 시대에 기록된 다른 메소포타미아 문서인 '왕조의 예언'(la Prophétie dynastique)은 그 지역을 지배하게 된 네 제국 앗시리아, 바벨론, 페르시아(바사), 카네엔(Khanéens)—즉 헬라—을 연속적으로 제시한다. 그런 다음 헬라인들도 패배할 것이다. 종속의 시간이 과거에 있었고 현재에도 지속되지만 그 후에는 독립의 시간이 도래하리라는 하나의 비슷한 역사관이 드러난다.

마찬가지로 유대 묵시서들, 특히 다니엘(단 2장; 7장)에서나 '무녀들의 예언집'(les Oracles sibyllins, 4:49-101)에서도 유사한 도식을 찾을 수 있으나 기원전 2세기 초에 연표 기록자 이에밀리우스 수라(Aemilius Sura)가 쓴 단편의 라틴어 텍스트에서도 이러한 역사관이 나타난다. 초기 유대 시서들은 헬라의 지배를 절정(마지막, point d'orgue)으로 제시하며 기원후 1세기에는 로마의 지배를 절정으로 제시한다.

여러 텍스트들이 동일한 역사관을 보이는 이상, 페르시아 세계 또한 예외는 아니다. 예컨대 '바만 야시트'(Bahman Yasht)의 몇 장은 기원전 마지막 수 세기 동안 쓰인 것으로 여겨지는데, 이 장들은 네 개의 가지가 각각 금, 은, 강철, 무쇠와 연결된 나무의 환상을 전한다. 그 환상의 해석은 헬라를 무쇠에 연결된 가지로 만든다. 헬라-라틴어 자료로만 알려진 '히스타스페스의 예언들'(les Oracles d'Hystaspe)라는 다른 텍스트는 아이의 예언를 해석하는 형태로, 로마 제국의 몰락을 예견한다.

이 텍스트는 예언과 관련하여 유대 시서들에 등장하는 계시의 도식에 따른 환상이나 예언 그리고 그 해석과 비견될 여지가 있다. 계시의 대리자가 필수적인 것이다.

하지만 그럼에도 유대 묵시론을 주변 지역들의 모티프로부터, 특히 흔히들 주장하는 것처럼 페르시아 세계의 모티프로부터 직접적으로 차용된 문학으로 보기는 여전히 어렵다. 더 나아가 유대 묵시론에서는 이러한 문학 장르의 출현을 지배하는 공통적인 요인 및 과정들을 목격할 수 있다. 공통의 뿌리는 있겠지만, 주위 지역들의 문서들과 직접적인 관련성은 [아직] 자료로 뒷받침되지 않고 있다. 하지만 이러한 문헌들 사이에 상호 작용이 있을 가능성은 있는데, 그 이유는 특히 헬라화에 대한 비판이나 거부가 중요한 공통의 주제이기 때문이다.

구체적인 모티프들이 차용되었을 수 있지만, 그러한 차용은 단지 용어상의 기초에 의해 입증하기가 용이하지 않다. 왜냐하면, 이 텍스트들에 대한 상세한 분석에서 매번 드러나는 것처럼, 지역적인 배경들이 서로 상이한 것으로 남기 때문이다. 기껏해야, 주요 문학적인 전통들이 고대 오리엔트 지역에 퍼져 있었다고 주장할 수 있을 뿐이다.

그러한 전통들 중 하나인 역술적인 지혜의 문학은 각각의 지역 문화에 받아들여져 답습되었으며, 실제로 그러한 문학은 각 지역의 여러 사회들을 뚫고 들어와 은밀하게 그 본질을 바꿔놓으며, 높은 수준의 지성을 지닌 보존자 집단—아마도 예언(점술)의 지식에 정통한 서기관이나 제사장으로 이루어져 있을 집단—에 해를 끼치는 헬레니즘 문화에 이의를 제기할 수 있게 했다.

제6장

논의 과정의 결산

고대 지중해 세계로 침잠 했던 우리의 작업에 대해 결산할 시간이 됐다. 우리는 지중해 동변의 세계가 인류 역사에 남긴 유산을 알고 있다. 그 유산은 지식의 양에 있어서 방대한 만큼이나 21세기 인간의 사유 체계를 구조화 하는데 있어서도 거대한 영향을 끼쳤다. 세계의 종말에 대한 현존하는 믿음들은 우리가 그럭저럭 살아가고 있는 이 세계화된 사회에 고유한 규약(codes)과 형식과 정보의 유통을 가져온다. 결정적으로, 이러한 유형의 믿음은 우리 사회 내에 팽배한 불안(malaise)을 보여주는 표상이다.

왜(이유) 그리고 무엇을 위해(목적) 이 사실 같지 않은 것을 믿는가?

하지만 문제는 그런 믿음이 가장 대중적인 현실 종교들의 한 가지 주요 특징이라는 점이다. 세계의 종말에 대한 고지는 종교적인 믿음인가?

오늘날 이에 대해 긍정으로 대답하는 위험을 떠맡는 사람은 거의 없으며 그런 만큼이나 그 대답은 문제가 되는 종교의 허황된(mal-fondé) 성격에 대한 명시적인 인정 혹은 우리 사회 내에 만연한 종교적인 것의 현존에 대한 [지나치게] 성급한 인정으로 간주될 것이다. 싫든 좋든 현실 사회 내에서 한 역할을 담당하는 고대 유대교 역사가로서, 나는 세계의 종말이 임박하고 있다는 믿음이 기독교와 이슬람과 유대교라는 세 가지 중요한 세계적인 종교의 기초가 되는 토대들의 한 부분임을 보이고자 했다. 이는 최우선적으로 역사에서 표현된다.

오랫동안 학자들의 텍스트 연구는 이 세 종교의 사유 체계에서 이러한 믿음의 중요성을 부정해 왔다. 그래서 이러한 믿음은 종교와 관련하여 일종의 쇠퇴를 표현한다고 간주했다. 이런 이야기가 지나치다고 보지는 않는다. 그 이유는 이것이 1980년대 이전부터 한 동안 그리고 심지어 최근에도 여러 차례 반복되어 기술되었기 때문이다.

이 책에서는 이 [세계의 종말이라는] 주제에 관한 현재의 인식과 30년간 계속된 연구의 성과를 요약하고 이를 알기 쉽게 펼쳐내기 위해 노력했다. 우리에게 중요한 것은 그러한 믿음이 임박한 세계의 종말에 대한 계속되는 예고들로 인해 오래토록 근거 없는 믿음으로 치부되고 같은 이유로 적절한 학문적인 탐구에의 대상에서 배제되어 왔다는 점을 드러내는 것이다.

우리가 입증하고자 한 것은 고대 유대교와 기독교에서의 세계의 종말에 대한 예고가 그 종교들과 그러한 믿음을 표현하는 사회를 이해하는 데 있어 충분한 열쇠가 될 수 있다는 것이다. 이를 감안하면, 2012년 12월 21일 외에도 장차 다가올 세계의 종말에 대한 빈번한 표현은 모종의 표징, 곧 우리 사회의 [상태를 나타내는] 징후일 가능성이 상당히 높다.

고대 세계, 다시 말해 기원전 4세기 말에서 기원 후 4세기에 이르는 지중해 지역의 헬레니즘 및 로마 세계에서 우리는 세계의 임박한 종말에 대해 단언하는 현상을 설명하는 요소들을 제시 하고자 하였다.

고대 세계에서 가져온 이 대답의 요소들은 현재 [지구화된] 세계로 옮겨질 수 있는가?

시간과 공간을 넘어서 두 사회의 배경 사이에 여러 공통점이 있다는 점은 놀라움을 자아낸다. 하지만 동일한 원인들이 동일한 효과를 생산한다고 말하는 지나치게 성급한 추론은 피할 것이다. 왜냐하면, 어떠한 사회적인 맥락도 시간을 다음 줄로 동일하게 나타나는 일은 결코 없었기 때문이다. 고대의 사회들은 분명히 우리의 사회가 아니며 그 반대도 성립하지 않는다. 현재의 사회는 결코 어떠한 의심의 여지도 없이 고대의 사회들과 확연히 다르며, 우리는 이를 알고 있다.

반면, 시간의 경계를 넘어서 공통적일 뿐만 아니라 [계속] 반복되는 요소들 또한 있을 수 있다. [따라서] 우리는 또한 세계의 종말이 다가온다는 믿음의 저변에 위치한 현상들에 대해 완전히 확인된 사실만을 묘사하려 들지 않을 것이다.

우리는 오직 정치·종교적인 텍스트들만을 정보의 원천으로 사용했다. 이 두 차원은 고대 세계에서 불가분의 관계였다. 이런 이유로 이어지는 논제에서 독자의 비판적인 시선을 날카롭게 하고 조촐하게나마 독자에게 생각할 꺼리를 제공할 목적으로 몇 마디 논평을 남겨야 할 듯 하다. 각각의 독자가 만일 원한다면, 자신이 원하는 결론을 이끌어낼 수 있을 것이다. 내 의견으로는 고대 세계에 대한 역사가의 사회적인 역할과 기능은 거기까지다.

누군가 이 책에서 하는 이상으로 고대 세계와 오늘날의 세계의 상이한 실마리들을 엮을 수 있다는 가능성을 부정하지 않지만, 매우 빠른 지름길을 취하거나 사전에 각각의 실마리를 자세히 검토하려는 노력 없이 사유의 체계를 만들어 내려는 매우 인간적인 유혹을 피하기 바란다.

이러한 주의 사항을 상기하면서, 우리는 세계의 종말의 도래를 알리는 예고들에 대해, 다시 말해, 의심의 여지 없이 이전의 예고들의 장구한 계보 안에 위치하게 될 예고들에 대해 비판적인 거리를 두려 한다. 이 책은 고대 유대교 묵시론과 그 맥락에 관한 새로운 인식을 제공함과 더불어, 독자가 세계 종말의 예고에 관해 한 걸음 물러서서 역사적인 관점을 통해 이해할 수 있는 위치에 서도록 한다. 고대 유대교와 기독교 내의 종말의 때를 알리는 예고에 대한 연구는 그러한 표현들의 맥락을 볼 수 있게 하며 또한 고대 사회들에서 이들이 어떤 의미로 받아들여졌는지를 상기시킨다.

간단히 말해서, 고대 세계의 유대인들과 기독교인들에게 있어 그 불안을 야기하는 임박한 세계 종말의 예고는 무엇을 의미하는가?

앞서 이야기한 것처럼, 나는 감히 우리가 현재의 시간과 고대의 실마리들을 너무 빠르게 엮어낼 수 없으며 그렇게 해서도 안 된다고 감히 주장한다. 유사성이 있기는 하지만 두 사회가 다르고 또 두 시대가 다른 이상 그것은 단지 유사성에 그칠 뿐이다. 반면, 현재의 세계가 무(無)에서 나온 것이 아니며 고대 세계와의 연속성이나 불연속성에 따라 인식되는 이상, 두 시대를 갈라놓는 공간-시간에도 불구하고 다른 시대 사이에 동일한 주제들에 관한 상호 작용이 있다는 주장은 무모하다고 할 수만은 없다.

예를 들어, 고대 세계에서 쓰이던 위기라는 개념은 오늘날과 같은 것인가?

각각의 배경에 대한 자세한 검토는 그 개념의 정의를 이루는 요소들의 다발이 확연히 다름을 보여주지만, 그 정의 다른 부분들에 있어서는 대체로 여러 유사성이 남아 있기도 하다. 그러므로 둘 사이의 공통점을 찾거나 또는 시간을 가로지르는 영속적인 구조를 찾는 천착하기보다, 우리는 여기서 오로지 세계의 종말이라는 반복되는 언어에 관한 현재의 성찰에 자양분을 공급할 수 있는 과거의 메아리들을 찾는 데만 전념해야 한다. 앞서 기술한 것처럼, 책이 덮이고 나면 이러한 성찰의 몫은 [독자들] 각자에게 남겨진다.

마지막으로, 내가 보기에 고대 세계를 다루는 역사가는 이러한 고대의 메아리들을 제시할 뿐, 그 이상 나가려 들지 말아야 한다. 왜냐하면, 그에게는 원하건 아니건 간에 사회적인 기능과 이유가 있기 때문이다. 이러한 "의무"는 또한 어떤 사람들—더 잘 조작하거나 선전하기 위해 자신의 주관성을 감추는—이 세계의 임박한 종말 이면에서 표현된 불안을 도구화하지 못하게 막는 것이다.

역사가는 학문적 방법을 사용함으로써 진실성(들)을 담고 있는 학문적인 담론을 전달한다. 이어서 그는 사람들 각자에게 자신이 이르게 된 결론들을 사용할 것인지 아닌지 [판단하도록] 맡긴다. 이러한 관점에서 우리는 고대의 유대교 및 기독교 시 문학에서 이 책의 논의 진행 중에 확인된 몇 가지 사실을 강조한다.

1. 세계의 종말, 사회 위기의 징후

　묵시론과 묵시 문학(시서들과 여타의 기록들)의 출현은 고대 지중해 동편의 사회들에서 사회 변화의 신호로 이해된다. 이러한 변화는 셀레오코스 왕조의 군왕 안티오코스 4세(기원전 167-164년)에 의한 예루살렘 성전의 모독이나 또는 기원후 70년에 로마 군단의 공격에 따른 성전의 파괴 같은 몇몇 중요한 사건들을 수반한다. 이러한 사건들은 오로지 사회의 기준들(repères)의 변화 과정을 가속한다. 따라서 사회의 변동과 함께 한다.
　[고대] 세계의 이 지역에서 헬레니즘적 관념과 생활 양식의 완만한 확산은 수 세기 이전에 정확한 시작의 사건을 알 수 없는 채로 시작됐지만, 기원전 2세기 초에 서기관 및 제사장 중 일부로 이루어진 집단들은 더 이상 그들이 태어나서 선배들을 따라 경험한 세계의 종말을 받아들일 수 없었다.
　아마도 기원전 4세기에 알렉산드로스 대왕 이후에 들어선 장군들에 의한 고대 근동 지역의 정치적 통제권의 탈취는 점차 사회의 다양한 영역들에서 영향력을 늘리고 있다고 느꼈을 것이다. 따라서 불만이 고조되었으며, 이는 기원전 3세기 말과 2세기 초에 정점에 이르렀을 것이다.
　[이 시기에] 셀레오코스 왕조 군왕들의 압제는 그 지역 전체에서 과격화하는 양상을 나타낸 것으로 보인다. 그들은 헬라화를 강요하는 조건을 내 걸었고, 이에 따라 [헬레니즘의 영향은] 더 이상 남몰래 퍼져 나가는 것이 아니라 보다 가시적으로 드러나는 양상을 보이게 되었다.

이러한 정치적인 선택은 기원전 1세기부터 로마인들에 의해 되풀이되었는데, 이는 필시 그 지역만이 아니라 [제국 전체에서] 주민들에 대한 통제를 강화하기 위한 시도로 여겨진다. [이런 방식으로] 지역 인구들을 보다 [다스리기] 용이하게 만든 후에 행정을 펼치려 했다고 생각할 수 있다. 몇몇 학자들은 이 시기에 오래토록 지속되는 진정한 정치적 기획보다는 원했던 원치 않았던 타자에 대한 몰이해가 나타났던 것으로 본다.

그러한 정치는 가장 능력이 있는 제사장과 서기관의 집단들, 곧 신적인 세계의 비밀에 접근할 수 있다고 주장하는 자들은 신적인 비밀들에 대한 계시의 전말(顚末, les tenants et les aboutissants)을 설명하는 하나의 새로운 문헌의 출현으로 변환된다. 요컨대 이 역술적인 지식(지혜)의 집단들은 이전에 예언자들에게 계시되었던 신의 말씀들을 다시 읽고 이를 재해석한다. 천상의 세계 혹은 초자연적 세계에서 온 해석들은 이론(異論)을 제기할 수 없는 것처럼 보이기 위해 신중하게 정당화된다.

이로써 현재 세계의 문제들, 특히 하나님 혹은 신들이 전능하고 편재함에도 땅 위에 만연한 악의 현존이라는 민감한 문제가 설명된다.

세계의 우발적인 사태들을 넘어서 이 사회적 그룹들은 그러한 상황 속에서도 계속 땅 위에서 살아갈 방법을 권면하고 죽음 이후 삶에 대한 희망을 확언한다. 자세히 보자면, 그 주장들은 동일하지 않지만, 묵시론적 집단들은 사람들이 땅 위에서 행한 선행이나 악행에 따라 그들 각자의 삶에 대한 하나님의 심판을 선언한다. 선행을 완수한 자들에게는 죽음 이후의 삶이 약속되고 악행을 저지른 자들에게는 파멸이 약속된다.

이런 방식으로, 묵시론적 집단들은 사회 내에서 준수해야 할 규범들과 그로부터 유래하는 행동 방식(처신)을 부여하거나 회복시키려 한다. 하지만 사람들이 받아들인 헬레니즘적 생활 방식과 그러한 생활 방식이 사회의 모든 영역에서 떠받치는 이념들은 더 오래된 규범들을 대체할 지경에 이르도록 사회의 모든 계층에 불가항력적으로 침습해 들어간다.

인류의 역사를 살펴보면, 이는 모든 인간 사회들의 피할 수 없는 진화, 다시 말해 이런 계기로 나타나는 저항들만큼이나 피할 수 없는 진화다. 이에 따라, [그들] 집단들은 진화를 혹은 보다 정확히 말해서 헬라화를 통해 표출되는 사회의 진화를 거부한다. 결국, 묵시론은 확실히 [다른] 진화[의 형태]를 촉진하며 그것은 바로 새로운 사회인 것이다.

즉 우리가 목격하는 것은 어떤 이중적인 운동으로, 다시 말해 헬레니즘화의 거부로서 묵시론과 새로운 사회 모델로서 묵시론이다. 이런 의미에서 우리는 사회 위기의 문학으로서 계시 문학을 이야기한 셈이다. "위기"라는 개념은 단지 기존 사회의 기준들에 의문을 제기한다는 부정적인 의미만이 아니라, 위기에 기인한 새로운 사회의 출현을 기대하는 긍정적인 의미를 담고 있는 것으로 받아들여진다. 이런 점에서 팔레스타인의 묵시론은 다른 근동 지역에서 보존된 반(反)헬레니즘 팜플렛들과 마찬가지로 고대 근동의 사회 변동을 내보이는 표시다.

종말론(eschatologie) 속에, 즉 종말의 때에 관한 견해들을 모은 집합체 속에 자리한 세계의 종말에 대한 고지는 묵시론(l'apocalyptique)의 여러 특징들 중 하나다. 유대교 및 기독교 계시 문학에서 세계의 종말이 인류와 더불어 땅이나 세계의 파멸로 전화(轉化)하는 것을 읽는 일은 드물다. 하지만 이에 대한 예외들 중 한 가지가 찬송들(Hymnes)로 명명된 사해 사본의 모음집에 속에서 발견된다(1QHa 11:28-36).

> [28]죽음의 끈이 빠져나갈 구멍 없이 조여들었고, [29]벨리알의 급류는 높이 쌓아올린 모든 제방을 흘러 넘쳐서, 모든 수로를 집어삼키는 불로서 [30]모든 지류를 따라 서 있는 푸르거나 마른 모든 나무를 파괴했으며, 불꽃들에서 나온 불똥들이 가득차 올라 거기에 삼켜진 모든 것이 사라지기에 이르렀다. 그것은 진흙 바닥과 [31]들판을 삼켰으며, 산들의 토대는 불타오르고 부싯돌의 뿌리는 역청의 급류가 됐다. 그것은 큰 구렁에 이르기까지 집어삼켰고, [32]벨리알의 급류는 아바돈(Abaddon) 속에서 폭발하며, 그 구렁의 후미진 곳은 화를 쏟아내는 자들의 소음으로 소란스럽다. 땅은 33세계로 들어오는 재앙으로 인해 울부짖으며, 땅의 모든 모퉁이가 울부짖는다. 땅 위에 있는 모든 자들은 미친 자들 같이 되며 [34]큰 재앙 속으로 사라진다. 하나님의 힘은 우레와 같이 큰 소리를 내고, 그분의 거룩한 집은 영광스로운 진리로 울릴 것이기 때문이다. [35]그때 하늘의 군대는 그분의 목소리가 들리도록 하며, 영원한 토대들은 녹아 흔들린다. [36]하늘의 영웅들의 전쟁이 세계로 퍼져나가서, 영세 전에 결정되었던 절멸이 완수되기까지 끝나지 않을 것이다(1QHa 11:28-36).

죽음, 죽은 자들의 왕국에서와 같이 땅 위에 만연한 악의 지배, 땅과 자연과 인간들의 파괴는 어떠한 출구도 가능케 하지 않는다. 마지막 문장은 명시적이며 그것은 우주의 동란을 의미한다. 이 텍스트에서는 가장 큰 절망이 표현된다. 찬송이라는 장르는 시라는 장르와 마찬가지로 그러한 우울함을 설명할 수 있는데, 그 장르가 그 특징들 곧 대립들을 강제하기 때문이다.

유대교 및 기독교 묵시 문학에서 나타나는 그러한 단언은 언제나 하나의 예외로 남는다. 더 나은 세계에 대한 기대, 즉 하나님 혹은 신들에 의해 부여된 창조 질서로의 회귀에 대한 기대가 묵시론에서 드러난다. 묵시론적 집단들은 고대 사회의 가치들을 보존하겠다는 의지를 단언한다. 기록된 것처럼, 이 열망은 같은 문헌에서 죽음 이후의 삶에 대한 표상들의 확대, 다시 말해 새로운 사회의 새로운 지주(支柱)를 놓는 표상들의 확대와 모순되지 않는다.

세계의 종말은 더 이상 땅과 인류의 결정적인 파괴를 의미하지 않으며 오히려 이러한 헬라화된 세계의 파괴를 의미하게 된다. 어떤 한 사회의 대한 구상이 시 문학을 통해 드러난다. 이전의 질서와 그 가치들로의 회귀, 드러난 비밀들에 따른 행동 방식, 종말의 때에 있을 심판, 땅 위에서의 행실에 따른 보상 또는 징벌, 신적인 가르침과 비밀을 준수했던 모든 사람 또는 일부 몇몇 사람들을 위한 죽음 이후의 삶에 대한 구상인 것이다. 세계의 종말은 분명히 이러한 묵시론적 집단들의 이상에 따른 새로운 사회로 대체되고 헬라화된 세계의 종말이다.

기원전 3세기로부터 팔레스타인 지방, 고대 근동 지역 사회의 심장부에 닥친 위기는 우리 사회가 지난 40년 동안 목도했던 위기와 유사할 수 있지만, 헬라화는 우리 사회 내에서 어떠한 비교 대상도 없다. 마찬가지로 세계 문화의 미국화내지 서구화를 고대 레반트 사회의 위기와 연결하기는 용이하지 않을 것이다. 물론 이에 대한 증명이 있어야 하겠지만, 앞서 쓴 것처럼 동일한 원인(혹은 유사한 원인)이 동일한 효과로 이어지는 것은 아니다.

인류의 역사는 그러한 격언을 증명하며 이에 따라 순환적인 역사관을 부정하는 사건들로 채워져 있다. 오늘날, 세계화된 사회 내에서 [어쩌면 여전히 초기적인 형태인 생태론을 예외로 한] 이데올로기의 부재 혹은 기준들(repères)의 결핍은 우리가 살아가는 세계와 그 진화를 이해하는데 있어 지속적인 어려움을 안겨준다. 과거와 현재와 미래로 이루어진 시간의 단계는 폐지되고 모든 것은 현재가 된다. 한 걸음 물러서는 것, 즉 이미 사용된 표현을 반복하기 위해 거리를 두는 것은 더 이상 불가능하다.

과거의 운동이, 그 운동과 현재의 연속성 및 불연속성이 이해되지 않는다면, 어떻게 현재를 이해하고 하물며 미래를 이해할 수 있겠는가?

이러한 시간의 철학은 현재중심주의(présentisme)라 명명되며, 오랜 기간에 관한 사유를 방해한다. 영속적인 안개 속으로 들어가면서, 우리는 되돌아간다면 [과거와] 충돌할 수 있다는 두려움으로 인해 앞으로 나아가고, 또 언제나 두려움에 의해 더 빨리 나아가며, 너무 빠르게 나아가 보이지 않는 [미래와] 장애물과 부딪힐 것을 걱정한다.

내가 보기에 이 이미지는 연상적(évocatrice)이지만 그럼에도 이전에 있었던 세계의 종말에 대한 예고의 귀환을 설명한다.

오늘날 그 기준들이 희미하게 가려지거나 존재하지 않기에 우리는 고대의 믿음들에서 현재 사회의 의미와 그 이면에 있는 우리 존재의 의미를 찾으려 한다. 신속한 소통이 중요한 가치를 가지는 오늘 날의 사회에서 과거의 믿음들을 이해하고 거리를 둘 여유를 갖는 사람은 거의 없다. 되풀이 되는 주제로서, 이러한 믿음들은 우리 세계의 일부분이 그로부터 나왔음에도 불구하고, 매우 오래 전부터 더 이상 우리의 것이 아닌 시대와 사회의 표현이다.

특히 시간과 공간 속에서 기준들의 부재는 신속성의 사회와 결합되어 국민의 일부를 조종하여 어떤 악의적이거나 혹은 그렇지 않은 인사들이 매스 미디어(텔레비전이나 인터넷)에서 그렇게 말했거나 썼다는 이유만으로, 마야인들이 2012년 12월 21일에 큰 재앙으로 나타날 세계의 종말을 고지했다고 믿도록 했다. 만일 이렇게 미디어를 통해 전달된 정보들을 분석하지도 해독해 보지도 않는 습성이 굳어진다면, 세계의 종말에 대한 예고는 많은 사람의 정신 속에서 현재와 미래가 뒤섞여 어떤 예상이 아닌 확인된 사실로 받아들여진다.

과거의 묵시론은 사회의 위기와 함께 그 변화를 예고 하고자 했으나 현재 제기되는 세계의 임박한 종말에 대한 예고들은 어떠한 변화도 고지하지 않는다. 오늘날 매스 미디어는 한 발 더 나아가 세계의 종말을 지구 및 인류의 파멸과 혼동하는 이야기들을 내놓고 있다. 사회의 변동은 [묵시론이라는] 틀 자체가 사라져 버린 이상 이러한 틀을 통해 사유될 수 없다. 감히 이에 관한 처방을 내놓자면, 최대한 많은 사람에 대한 교육이 이 문제에 대한 대응책들 중 하나일 것이며, 신앙과 이성 사이에 대화가 가능함을 인식하는 것이 아마도 그 첫 번째 걸음이 될 듯하다.

2. 세계의 종말에 대해 무엇을 할 것인가?

혹자는 삶에서 특히 그들 자신의 삶에서 영적으로 혹은 종교적으로 만족스러운 설명을 찾기 위해 애쓴다. [그러나 그러한 노력을 통해] 사라진 문명들에서 유래한 믿음을 받아들이게 될 경우, 이러한 믿음이 오늘날 실천되는 영성이나 종교들에 보다 우월하다는 환상에 이르게 될 뿐이다. 알려지지 않은 먼 곳의 문명에 대한 지식이 사라질 수록, 우월한 지식에 대한 믿음은 맹목적으로 변한 우리 사회 내에서 신뢰할 만한 것으로 여겨질 것이다. 고대의 묵시론과의 비교는 심지어 가까이 다가온 세계의 종말에 대한 무조건적인 지지자들에게조차 희망의 모티프를 제공할 수 있을 것이다.

고대인들은 세계의 종말을 파멸이 아닌 새로운 세계의 희망으로 인식했다. 고대의 텍스트가 종말의 때 이후에, 세계의 종말 이후에 더 나은 시대에 대한 희망을 고지하지 않는 경우는 거의 없다. 모든 문명에서 고대인들은 희망 없는 미래를 생각하지 않는다. 대개 한 사람 혹은 여러 사람이 새로운 시대가 열리기를 기다렸다. 유대교에서 우리는 그들을 "메시아(들)"(messie(s)[משיח])이라고 명명한다.

서력 전환기에 몇몇 유대인들에 의해 나사렛 사람 예수에게 주어진 "그리스도"(Christ, 크리스토스, Χριστός)라는 헬라어 단어는 어떤 새로운 시대를 시작하는 그러한 구원자에 대한 기대를 나타낸다. 다른 문명들에서도, 심지어 마야인들의 문명에서도, 마찬가지로 이 세계의 종말 이후에 올 새로운 시대를 기다린다.

그러므로 가까이 다가온 세계의 종말에 대한 이야기를 퍼뜨리는 사람들은 안심해도 된다. 인간의 정신에게 있어, 세계는 이러저러한 방식으로 다시 세워질 것이라는 전망 없이 무너지는 일은 상상하기 힘들다. 훨씬 진지한 방식으로 진행하는 고대 세계의 연구는 여기 오늘날 작동중인 인류학적인 기제들을 이해할 수 있게 한다.

고대 세계에 대한 연구는 또한 세계의 종말에 대한 주장 바탕에 깔린 불안, 즉 기준이 되는 이정표가 없어 고심하는 사회에서 진행하는 방향을 잘 알지 못하고 나아가며 [그 방향에서] 무언가 극복할 수 없는 것과 부딪힐까봐 걱정하는 사회에서 특징적으로 나타나는 불안을 극복할 수 있게 한다고 생각된다. "세계의 종말"은 극복할 수 없는 걱정스러운 무엇인가를 명명하는 한 가지 방식이다.

고대인들은 모든 문명에서 그들 자신의 사회가 하나의 다른 사회, 다시 말해 사회적인 진보라는 의미에서 더 나은 사회로 진화한다고 생각했으나 이러한 이념은 "철의 세기" 곧 20세기의 지구의 참극(慘劇, drames)의 행렬에 의해 훼손됐다. 그 이념은, 고대의 관점을 의지한다면, 너무 빠르게 무효화되지 않을 수 있을지도 모른다. 고대의 사유를 오늘날의 사유로 연장하려면, 세계의 종말은 어쩌면 거기에 귀 기울이기 원하는 자에 대한 필사적인 요청으로 이 세계에 희망을 주려는 요청으로 이해해야 할지도 모른다.

누가 그 책임을 떠맡을 수 있을까?

이 질문에 대답하기 위해서는 또 한권의 책이 필요하겠으나 그것은 확실히 고대사를 연구하는 역사가의 펜으로 이루어질 일은 아니다. 우리에 임무는 고대 유대교와 기독교의 시 문학에 대한 분석으로부터 벼려낸 몇 가지 견해를 전달하고 독자에게 스스로의 생각을 통해 현재 세계와 다가올 세계에 관한 자신의 관점을 구성하도록 하기 위해 아이디어들과 함께 거기에 이르기 원하는 이유 (행동은 수반하지 않고)를 전달하는 것이라고 생각한다. 임박한 세계의 종말에 대한 예고라는 문제에 접근하기 위한 우리의 제안은 그런 것이다.

추가적인 책 목록

콜린스, 존(J. COLLINS, John J.)(편집), 『시 : 한 장르의 형태론』(*Apocalypse : The Morphology of a Genre, Semeia* 14), Atlanta, Scholars Press, 1979.

_____, 『사해 두루마리 속의 묵시론』(*Apocalypticism in the Dead Sea Scrolls*), Londres-NewYork. Routledge, 1997.

_____, 『묵시적 상상력』(*The Apocalyptical Imagination*), Grand Rapids – Cambridge, Eerdmans, 1998 (1re éd. 1984).

디토마소, 로렌조(DiTommaso, Lorenzo), 『고대 세계의 묵시서들과 묵시론』(*Apocalypses and Apocalypticism in Antiquity* (Part I), *Currents in Biblical Research* 5.2, 2007, pp. 235-286.

_____, 『고대 세계의 묵시서들과 묵시론』(*Apocalypses and Apocalypticism in Antiquity* (Part II), *Currents in Biblical Research* 5.3, 2007, pp. 367-432.

아미도비치, 다비드(Hamidović, David), 『미카엘서에서 나타나는 텍스트간 전이성(4Q529 ; 6Q23). 에녹서, 다니엘, 희년서에 기초한 묵시 문학 모티프 목록에 관한 연구』(*La transtextualité dans le livre de Michel* (4Q529 ; 6Q23). *Une étude du répertoire des motifs littéraires apocalyptiques sur Hénoch, Daniel et les Jubilés*, *Semitica* 55, 2013, pp.117-137.

니한, 크리스토프(Nihan, Christophe), 『유대 묵시서들』(*Apocalypses juives*), dans T. RÖMER, J.-D. MACCHI et Chr. NIHAN (éd.), 『구약성경 개론』(*Introduction à l'Ancien Testament*), Genève, Labor et Fides, coll. 『성경의 세계』(*Le Monde de la Bible*) 49, 2009, pp. 661-693.

용어 사전

- 묵시(서)(Apocalypse)
  역사의 비밀스런 흐름을 그리고/또는 천상이나 초자연의 세계의 비밀을 제시하는 문학 장르.
- 묵시론(Apocalyptique)
  천상이나 초자연의 존재들의 행위와 함께 인간 개개인에 대한 심판이 있을 종말의 때를 통해 (오게 될) 어떤 다른 세계에 관한 확신들 전체를 지칭하기 위해 실사(實辭)화된 명사.
- 종말론(Eschatologie)
  종말의 때에 관한 믿음이나 담론 전체.
- 헬라화(Hellénisation)
  지역 문화가 헬라 문화에 동화된 결과 탄생한 독창적인 문화이며, 이를 소위 헬레니즘이라 함.
- 예언(Prophétie)
  예언자 즉 대변자의 신탁(神託)을 통해 전달된 하나님의 말씀.
- 계시(Révélation)
  하나님의 메시지에 대한 인식 그리고 넓은 의미로 이 메시지의 전달.

○ 전통적 지혜(Sagesse traditionnelle)
   자연과 인간에 대한 관찰에 기초한 윤리·도덕적 가치들에 따르는 그리고 그 규범을 목표로 하는 인간을 위한 삶의 이상.
○ 역술적 혹은 점술(예언)의 지혜(Sagesse mantique ou de divination)
   이 세계와 장래에 올 세계를 설명하는 비밀들의 계시에 기초한, 윤리·도덕적 가치들에 따르는 인간을 위한 삶의 이상.

CLC 도서 안내

종말-내세론(기독교정통교리)

조영엽 지음 | 신국판 | 400면

현재, 신복음주의, 성령 은사 운동, 세속적인 교회 음악, 인본주의 사상, 육신의 부패성 등이 역사적인 기독교 신앙을 파괴하고 있다. 이 책은 교회의 정통 신학적 의미가 무엇인지 밝히며, 바른 종말론의 의미를 잘 보여준다.

CLC 도서 안내

최근 바울과 종말론 연구 동향
(21세기 신학 시리즈 11)

**조셉 플레브닉 지음 | 김병모 옮김 |
신국판 | 152면**

이 책은 그리스도의 죽음, 그리스도의 오심, 그리스도의 주권, 종말의 부활, 변화, 중간 단계의 존재, 그리스도와 함께 있는 것 등에 대한 바울의 사상과 학자들의 논의를 제시한다. 이 주제들은 소위 바울의 종말론을 밝혀주는 중요한 단서다. 종말론의 핵심을 바로 알고자 원하는 독자들에게 강력히 추천한다.